滇版精品出版工程专项资金资助项目

乡村振兴系列丛书

乡村组织振兴释讲

谭鑫　黄丽　赵丽　著

云南出版集团
云南科技出版社
·昆明·

图书在版编目（CIP）数据

乡村组织振兴释讲 / 谭鑫，黄丽，赵丽著．-- 昆明：云南科技出版社，2023
（乡村振兴系列丛书）
ISBN 978-7-5587-4854-7

Ⅰ．①乡… Ⅱ．①谭… ②黄… ③赵… Ⅲ．①农村－基层组织－组织建设－研究－中国 Ⅳ．① D638

中国国家版本馆 CIP 数据核字（2023）第 024610 号

乡村组织振兴释讲

XIANGCUN ZUZHI ZHENXING SHIJIANG

谭 鑫 黄 丽 赵 丽 著

出 版 人：温 翔
策　　划：高 亢 李 非 胡凤丽
责任编辑：王建明 赵伟力 洪丽春 曾 芫 张 朝 蒋朋美
助理编辑：龚萌萌
封面设计：昆明墨源图文设计有限公司
责任校对：秦永红
责任印制：蒋丽芬

书　　号：ISBN 978-7-5587-4854-7
印　　刷：云南灵彩印务包装有限公司
开　　本：787mm×1092mm 1/16
印　　张：8.25
字　　数：211 千字
版　　次：2023 年 6 月第 1 版
印　　次：2023 年 6 月第 1 次印刷
定　　价：58.00 元

出版发行：云南出版集团 云南科技出版社
地　　址：昆明市环城西路 609 号
电　　话：0871-64114090

《乡村振兴系列丛书》
编委会

本册著者：谭　鑫　黄　丽　赵　丽

序

民族要复兴，乡村必振兴。

习近平总书记强调，实施乡村振兴战略，是党的十九大作出的重大决策部署，是新时代做好“三农”工作的总抓手。各地区各部门要充分认识实施乡村振兴战略的重大意义，把实施乡村振兴战略摆在优先位置，坚持五级书记抓乡村振兴，让乡村振兴成为全党全社会的共同行动。

云南省委、省政府认真贯彻落实党的十九大精神和十九届历次会议精神，团结带领全省各族群众，积极探索云南的乡村振兴，对全省实施乡村振兴战略进行了规划和部署。印发了《云南省乡村振兴战略规划（2018—2022 年）》。结合《中共云南省委关于制定云南省国民经济和社会发展第十四个五年规划和二〇三五年远景目标的建议》中提出的云南省要全力打造世界一流“三张牌”：“绿色能源牌”“绿色食品牌”“健康生活目的地牌”，大力发展高原特色现代农业，打造粮食、茶叶、花卉、水果、蔬菜、坚果、咖啡、中药材、生猪、肉牛十大高原特色现代农业重点产业。全产业链重塑云南农业，坚持市场导向，选准各地最具优势特色、最有发展潜力的主导产业，找到了云南乡村振兴的实施路径。

云南省的乡村振兴工作在紧锣密鼓地有序推进落实。与此同时，也暴露出一些不足：相关理论政策学习不全面、不彻底、不充分，解读不到位，实施经验不足，案例难寻，缺乏指导性、实操性较强的理论体系支撑。为了巩固拓展脱贫攻坚成果，做好脱贫攻坚与乡村振兴的有效衔接，更好地全面推进云南的乡村振兴战略，特策划出版《乡村振兴系列丛书》。

《乡村振兴系列丛书》立足乡村振兴战略实现农业农村现代化的总目标和坚持农业农村优先发展的总方针，根据产业兴旺、生态宜居、乡风文明、治理有效、生活富裕的总要求，对乡村产业振兴、人才振兴、文化振兴、生态振兴、组织振兴五大目标进行研究和解读，探索乡村振兴的内涵与外延。从农业农村现代化、生态文明建设、兴边富民等方面介绍相关的战略规划与政策体系。并通过乡村振兴基层操作、热词搜索、党建引领、民族团结促进等多渠道探索了乡村振兴的有效实施路径。本丛书系统构建了乡村振兴战略理论研究与实施支撑体系，为乡村振兴战略的推进落实、基层操作提供了丰富的理论研究依据和实施路径指南，具有较强的指导性、操作性。

《乡村振兴系列丛书》具有以下特点：

示范性强：本系列丛书最大的一个亮点，是充分考虑云南边疆民族地区的特点，也侧重于云南脱贫攻坚成果巩固与乡村振兴有效衔接的实际情况，在政策解读、实践操作时，重点考虑了云南作为边疆民族地区的差异、需求，提供切实可行的解决方案和操作要点，如针对边疆民族地区的兴边富民行动介绍；针对民族地区，以民族团结进步示范创建促推乡村振兴……符合实际需求，实操性、示范性较强。

系统性强：本系列丛书层次、版块分明，系统性、完整性较强，选题结构丰富，并兼顾了指导性和可操作性。共分三大层次，第一层次为战略规划、理论政策研究层次；第二层次为产业规划、操作实践层次；第三层次为实用技术类层次，共分产业兴旺、生态宜居、乡风文明、治理有效、生活富裕等版块。第三层次以广大农民为主要读者对象，以农业农村农民为主题，充分考虑农民群众的科技文化需求，力求农民群众读得懂、有实效。

指导性强：从内容来说，本系列丛书系统、全面，既重视理论、政策方面的研究与解读，也重视农村基层的实际需求，探索了操作实践路径，同时收纳了可操性较强的实用案例，参考性和指导性都十分强。

《乡村振兴系列丛书》旨在新形势下探讨乡村治理体系和治理能力现代化提升，通过有效路径，全面推进云南乡村振兴，为云南省农业发展、生产经营、农业科技提供帮助，为农业产业发展升级和农业产业链构建提供理论支撑，为云南省委、省政府的乡村振兴发展部署提供理论研究、法律支持和信息参考。

希望全省的“三农”专家、学者在省委、省政府的领导下，围绕云南全面推进乡村振兴的重大热点、难点问题，深入推进云南乡村振兴的理论研究、政策解读、路径探索等工作，为省委、省政府的决策提供依据、当好参谋，为云南的乡村全面振兴提供智力支持，为云南的农业、农村、农民现代化作出新的、更大的贡献。

《乡村振兴系列丛书》编委会

前 言

乡村振兴是包括乡村产业振兴、人才振兴、文化振兴、生态振兴、组织振兴的全面振兴。党的二十大作出全面建设社会主义现代化国家，最艰巨、最繁重的任务仍然在农村的重要研判；提出要全面推进乡村振兴，要坚持农业农村优先发展，坚持城乡融合发展，畅通城乡要素流动；加快建设农业强国，扎实推动乡村产业、人才、文化、生态、组织振兴。其中，乡村组织振兴是乡村全面振兴的点睛之笔和牵动力量，具有基础性、引领性、保障性作用。实现乡村全面振兴，务必加快推进乡村组织振兴。

为了让大家对乡村组织振兴有一个全面的了解，本书分为六讲——背景之讲、理论之讲、政策之讲，及其云南乡村组织振兴的现状之讲、路径之讲，最后是案例之讲。

每一讲都试图从基层保障的角度出发，以治理有效为目标，追求乡村“自治、德治、法治”融合。出台利“组”政策、制订惠“组”计划、颁布促“组”规章。把基层党建作为乡村组织振兴的基石，把基层群众作为乡村组织振兴的堡垒，激活和谐乡村的“神经末梢”，保护和谐乡村的“身体机能”，让和谐、活力、有序成为乡村组织振兴的环境。

“背景之讲”主要阐释乡村组织的基层目标；

“理论之讲”主要阐释乡村组织的逻辑历程；

“政策之讲”主要阐释乡村组织的制度保障；

“现状之讲”主要阐释乡村组织的荆棘丛生；

“路径之讲”主要阐释乡村组织的峰回路转；

“案例之讲”主要阐释乡村组织的星星之火。

以期通过这六讲的学习，领导干部，政策研究者、学习者和相关人员能有所裨益。

目录

第一讲　背景之讲

第一节　研究背景

2017年党的十九大报告中指出农业农村农民问题是关系国计民生的根本性问题，必须始终把解决好“三农”问题作为全党工作的重中之重，实施乡村振兴战略。这是党在我国即将全面建成小康社会阶段，对未来农村建设提出的新的建设方向，也更加明确农村建设在未来的一段时间内的重要地位，其中关于乡村组织振兴提出：加强农村基层基础工作，健全自治、法治、德治相结合的乡村治理体系①。

2018年国家出台《乡村振兴战略规划（2018—2022年）》，该规划以习近平总书记关于“三农”工作的重要论述为指导，按照产业兴旺、生态宜居、乡风文明、治理有效、生活富裕的总要求，对实施乡村振兴战略作出阶段性谋划，明确至2020年全面建成小康社会和2022年召开党的二十大时的目标任务，细化实化工作重点和政策措施，部署重大工程、重大计划、重大行动，确保乡村振兴战略落实落地，是指导各地区各部门分类有序推进乡村振兴的重要依据。其中关于农村组织振兴提出：把夯实基层基础作为固本之策，建立健全党委领导、政府负责、社会协同、公众参与、法治保障的现代乡村社会治理体制，推动乡村组织振兴，打造充满活力、和谐有序的善治乡村②。

2019年《中共中央国务院关于坚持农业农村优先发展做好“三农”工作的若干意见》提出：做好“三农”工作，要牢牢把握稳中求进工作总基调，落实高质量发展要求，坚持农业农村优先发展总方针，以实施乡村振兴战略为总抓手，对标全面建成小康社会“三农”工作必须完成的硬任务，适应国内外复杂形势变化对农村改革发展提出的新要求，抓重点、补短板、强基础，围绕“巩固、增强、提升、畅通”深化农业供给侧结构性改革，坚决打赢脱贫

① 习近平：《决胜全面建成小康社会　夺取新时代中国特色社会主义伟大胜利》，《人民日报》2017年10月19日。

② 中共中央　国务院：《乡村振兴战略规划（2018—2022年）》，《人民日报》2018年9月27日。

攻坚战。充分发挥农村基层党组织战斗堡垒作用，全面推进乡村振兴，确保顺利完成到2020年承诺的农村改革发展目标任务。其中关于组织振兴提出：发挥农村党支部战斗堡垒作用，全面加强农村基层组织建设，强化农村基层党组织领导作用，发挥村级各类组织作用，强化村级组织服务功能，完善村级组织运转经费保障机制，强化五级书记抓乡村振兴的制度保障，同时增强乡村治理能力，加强农村精神文明建设，持续推进平安乡村建设①。

2020年《中共中央关于制定国民经济和社会发展第十四个五年规划和二〇三五年远景目标的建议》提出：要优先发展农业农村，全面推进乡村振兴。其中关于农村组织振兴提出：加强和创新社会治理，完善社会治理体系，健全党组织领导的自治、法治、德治相结合的城乡基层治理体系，完善基层民主协商制度，实现政府治理同社会调节、居民自治良性互动，建设人人有责、人人尽责、人人享有的社会治理共同体。发挥群团组织和社会组织在社会治理中的作用，畅通和规范市场主体、新社会阶层、社会工作者和志愿者等参与社会治理的途径。推动社会治理重心向基层下移，向基层放权赋能，加强城乡社区治理和服务体系建设，减轻基层特别是村级组织负担，加强基层社会治理队伍建设，构建网格化管理、精细化服务、信息化支撑、开放共享的基层管理服务平台；加强和创新市域社会治理，推进市域社会治理现代化②。

2021年《中共中央国务院关于全面推进乡村振兴加快农业农村现代化的意见》指出："十四五"时期，是乘势而上开启全面建设社会主义现代化国家新征程、向第二个百年奋斗目标进军的第一个五年。民族要复兴，乡村必振兴。全面建设社会主义现代化国家，实现中华民族伟大复兴，最艰巨最繁重的任务依然在农村，最广泛最深厚的基础依然在农村。其中对于农村组织振兴提出：要加强党对"三农"工作的全面领导，强化五级书记抓乡村振兴的工作机制，加强党委农村工作领导小组和工作机构建设，加强党的农村基层组织建设和乡村治理，加强新时代农村精神文明建设，健全乡村振兴考核落实机制③。

2022年，党的二十大报告再次强调，要全面推进乡村振兴，坚持农业农村优先发展，巩固拓展脱贫攻坚成果，加快建设农业强国，扎实推动乡村产业、人才、文化、生态、组织振兴。中国的乡村振兴包括产业、人才、文化、生态、组织五个方面。这五个方面互为关联、相辅相成，其中组织振兴是保障，是乡村振兴的"第一工程"，是新时代中国共产党领导农村发展的重要任务。

在乡村振兴的过程中，正是由于有各类组织的参与，才推动了乡村振兴中的产业振兴、人才振兴、文化振兴、生态振兴，因此可以说没有组织振兴也就没有乡村振兴。云南省作为全国脱贫攻坚的主战场之一，也是全国乡村振兴的重要阵地之一，现阶段云南省已经实现了全面脱贫，但是乡村振兴却是刚起步，云南省作为边疆地区、贫困地区、多民族地区，要解

① 2019年中央一号文件：《中共中央 国务院关于坚持农业农村优先发展做好"三农"工作的若干意见》。
②《中共中央关于制定国民经济和社会发展第十四个五年规划和二〇三五年远景目标的建议》。
③《中共中央 国务院关于全面推进乡村振兴加快农业农村现代化的意见》。

决乡村振兴，其面临的问题是极具挑战性的。云南省如何在现有的脱贫成果上实现乡村振兴，如何借助现有的优势实现组织振兴，推动乡村振兴的全面发展，如何抓住目前组织振兴中存在的问题，提出相应的解决办法。事关云南省能否如期全面实现国家提出的乡村振兴战略，事关国家能否如期实现乡村振兴，最终实现农业农村现代化。

表 1-1　2017—2021 年组织振兴背景相关文件

年份	文件
2017 年	决胜全面建成小康社会　夺取新时代中国特色社会主义伟大胜利
2018 年	乡村振兴战略规划（2018—2022 年）
2019 年	中共中央　国务院关于坚持农业农村优先发展做好“三农”工作的若干意见
2020 年	中共中央关于制定国民经济和社会发展第十四个五年规划和二〇三五年远景目标的建议
2021 年	中共中央　国务院关于全面推进乡村振兴加快农业农村现代化的意见

第二节　研究意义

一、理论意义

乡村振兴是国家在新时期对国内农村提出的建设新方向，是在农村已取得脱贫攻坚战略成果基础上的新课题，是国家对于新时期农村建设提出的新要求，代表的是新的农村发展方向。既是一个全新的课题，也是一个承前启后的开端；是全面建成小康社会的后续，也是全面建成社会主义现代化国家的“开始”。没有组织的振兴，也就没有农业农村现代化，也就没有中国的现代化，因此，可以说组织振兴对于乡村振兴、对于国家实现现代化具有重要的意义。本书稿对组织振兴的相关理论作了相应阐述，对有关组织振兴的文件、意见等进行了梳理，有助于读者全面清晰地了解相关理论。

二、现实意义

组织振兴对于全面实现乡村振兴以及促进其他振兴的实现具有突出的现实意义，是实现乡村振兴的“第一工程”，是乡村振兴的前提条件，也是乡村振兴的保障。云南省作为全国脱贫攻坚的主战场之一，已经全面完成脱贫攻坚。新的历史阶段，云南省又作为乡村振兴的重要阵地，如何通过组织振兴，引领乡村振兴，最终如期实现云南省的农业农村现代化，为实现我国农业农村现代化贡献出属于云南省的力量，具有十分重要的意义。

对此进行深入的研究：

（1）通过对云南省目前的组织振兴进行梳理，针对问题提出切实可行的对策和建议，有助于形成新的理论成果，推动乡村全面振兴。

（2）在一定程度上能为其他相关地区的组织振兴工作提供经验借鉴。

（3）希冀为云南省相关基层政府对云南组织振兴提供有价值、有针对性、可操作、高质量的参考建议。

（执笔人：黄丽　谭鑫）

第二讲　理论之讲

第一节　乡村组织振兴之内涵

一、组织

组织是为了达到一定目标，由两个以上的人组成的系统。任何一个组织都有自己的目标，是一个有序的结构系统、社会技术系统，同时也是一个与环境互动、开放的系统和投入产出系统[1]。饶静在《农村组织和乡村治理现代化》一书中阐述了组织的定义，认为组织是人类社会为达成一定的群体目标而进行有目的的合作形式和系统，是社会运行的基本单元和基础。群体性的社会生产和社会生活是人类生存的基本形式，随着人类社会的发展和提高，群体生活的结构由简单逐渐发展为有序复杂结构的社会组织生活[2]。可以得出，组织是有着共同目标的群体，在一定的制度框架系统内，为达成一定目标而组合在一起的组织。

二、组织振兴

组织振兴的基本要求是农村基层组织发挥引领作用，焕发组织内生活力，推动“三农”工作有序进行[3]。组织振兴是关系乡村振兴战略的核心一环，直接决定了战略能否顺利实施。作为农村基层，必须补齐短板，实现组织振兴。党的十九大报告指出，加强基层党组织建设，应该以提升组织力为重点，突出政治功能[4]。组织振兴的“研究热度”从出现起就未曾削弱过。组织振兴是和其他“四大振兴”一同出现在人们视野中的，在文献中专家们往往也都选择将

---

① 陈国权：《组织行为学》，清华大学出版社，2016，6-8 页。

② 饶静：《农村组织和乡村治理现代化》，中国农业大学出版社，2019。

③ 张逸芳、陈国申：《乡村振兴背景下农村组织建设研究的新趋势》，《领导科学论坛》2018 年第 19 期，13-16 页。

④ 周瑞晖：《乡村组织振兴怎样用“功”》，《黑龙江日报》2020 年 6 月 11 日。

它们集合在一起，研究它们之间的互动关系及内在联系。其各有侧重，又密不可分。产业振兴是前提条件，人才振兴是智力支持，文化振兴是灵魂根本，生态振兴是外部保障，组织振兴是制度核心。组织振兴和其他振兴之间既包含目的，又互为方法。只有充分把握它们之间的联系，统筹兼顾，才能将战略执行到位，取得实效①。由于村党组织的引领作用和核心地位，在众多的研究中对村党组织的研究可以说是浩如烟海。其中张瑜、倪素香提出农村基层党组织提升履职能力、完善运行机制将会有助于组织振兴②，认为乡村振兴的关键在组织，强产业、聚人才、凝文化、固生态，任何一个要振兴都离不开组织的领导、协调。组织振兴现有的研究中，类型以聚焦研究农村基层党组织的文章居多，视角较为单一，对于组织振兴的实现路径，内部建设方法，以及关注组织振兴与其他振兴在理论方面的相互联系的文章寥寥无几，因此，需要从全面整体的角度对其进行研究。

三、乡村组织振兴

2018 年 3 月，习近平总书记在参加全国人大山东省代表团审议会议时提出了乡村产业、生态、组织、人才、文化振兴的新论断。习近平总书记提出的“五个振兴”，在逻辑上表现为层次性，在实践上表现为依托性。以乡村为主体、为场域开展的“五个振兴”与以国家为主体、为场域开展的“五位一体”总布局遥相呼应。“五个振兴”中根本保障是乡村组织振兴，基层组织体系的个体发展和结构优化对于理顺乡村权力关系，提高乡村治理能力和治理体系现代化乃至推进乡村振兴战略具有重要意义。乡村组织振兴包含多方面的实施主体，主要包括农村基层党组织、社会组织、村民自治组织和专业合作经济组织等。诸多实施主体中，农村基层党组织是基础，是农村经济社会等各项事业发展的领导者、推动者和实践者，是实现乡村有效治理的核心。乡村治理现代化对乡村组织提出了更加组织化和规范化的要求，从治理有效的视角审视，以个人为单位的诉求表达已经不是公共参与行为的最佳选择，而需要依靠代表基层群众利益的农村党组织为基层民众发出声音。

著名学者郭元凯指出：“乡村组织振兴，就是要培养造就一批坚强的农村基层党组织和优秀的农村基层党组织书记，就是要深化村民自治实践，发展农民合作经济组织，建立健全党委领导、政府负责、社会协同、公众参与、法治保障的现代乡村社会治理体制。”③可以说，基层党组织和党员干部是组织振兴的重要基石，健全乡村社会治理体制是组织振兴的制度保障，构建乡村善治之路是组织振兴的根本目标。乡村组织振兴就是乡村组织充满活力，具有有序、有力发展的原动力与创新力，且振兴一定是成体系的乡村组织系统之间协同发展、相

① 郭明亮：《新时代实施乡村振兴战略研究》，《现代交际》2018 年第 15 期，238-239 页。
② 张瑜、倪素香：《乡村振兴中农村基层党组织的组织力提升路径研究》，《学习与实践》2018 年第 7 期，53-59 页。
③ 郭元凯、谌玉梅：《组织振兴》，中原农民出版社，红旗出版社，2019，第 4 页。

互促进。如果只关注一个组织或某些组织，都不能称之为“组织振兴”。当前，乡村组织振兴就是要培养造就一批优秀的村级班子及党员队伍，探索完善以农村基层党组织为核心、基层政权组织为主导、村民自治组织为基础、集体经济组织为支撑、农村社会组织为补充的“五位一体”组织体系。通过健全制度建设，提高组织效率，确保乡村社会充满活力、安定有序，保障乡村振兴健康有序推进。

第二节 乡村组织振兴之理论

一、中国共产党历代领导人关于基层党组织建设的思想

（一）毛泽东农村基层党组织建设思想

以毛泽东同志为核心的中国共产党的第一代领导集体，在继承马克思主义经典理论关于农村基层党组织建设思想的基础上，结合我国实际的革命和建设实践，形成了独具特色的农村党组织建设思想，开创了中国化的马克思主义理论的新篇章。

1. 认识农村建党的重要性，广泛建立农村基层党组织

1927 年 3 月，毛泽东同志在《湖南运动考察报告》中，指出农民问题的重要性。认为农民是革命的检验者和主要参与者，而农会成为了组织农民开展革命的主要阵地，并指出了党组织的重要性，一切农民运动都应坚持党的领导，应在每个农会有党的支部，作为这个农会行动指导的核心①。在《井冈山的斗争》中，毛泽东同志针对政权问题发表了意见：“县、区、乡各级政权是普遍组织了，但是名不副实，农民没有充分行使自己的权力，代表大会没有充分发挥其作用，政权机关里的党团组织有些地方有，有些地方没有，有些地方有了也用的不完善，以后党要执行领导政府的任务。”②因此，提出在党的领导下充分发挥政权机关的作用和完善基层党组织建设是十分必要的。中华人民共和国成立后，我国逐渐开始了社会主义的农村建设，在农村工作会议中，指出要更有力地领导农村的社会主义改造运动，积极发展党员，建立支部，不断强调农村党的建设的重要性，使农村发挥出巨大的潜力。

2. 将“支部建在连上”，积极建设党小组

1927 年，在“三湾改编”进程中，毛泽东同志创造性提出“将支部建在连上”，并作为

---

① 毛泽东：《毛泽东选集（第 1 卷）》，人民出版社，1991，12-13 页。
② 毛泽东：《毛泽东选集（第 1 卷）》，人民出版社，1991，71-73 页。

我军我党的重要建设原则。井冈山革命中，提出党代表制度不能废除，特别是连一级，党的支部建设在连上，党代表更为重要，要坚持红军中党组织的重要原则，连有支部，班有小组，强调要搞好党小组建设，才能更好地建设好党的支部[①]。这一强调打基础、抓基层的重要作用，提高了基层党组织决定党的战斗实力的认识，确立了党的基层组织的重要地位。

3. 走群众路线

在我国的革命和建设中，毛泽东同志总结出了适合我国国情、党的领导方式和研究方法，强调了调查的重要性。指出"没有调查就没有发言权"，一切实际工作者必须向下作调查，明确了作为党员在基层工作中应该实事求是，要将理论同实践相结合，重视从基层中获取收集资料[②]。在革命和建设中，毛泽东同志关心共产党的思想建设，注重党员的党性培养。指出共产党在学习和工作中应该坚持的一条基本原则：理论和实际统一，并应该具有科学的态度，实事求是，强化党员的学风、党风、文风教育，要正确识别和选拔干部，更要爱护党的队伍，丰富宣传和教化力度，保障党员队伍的干净纯洁。开展经常性、全国性的整党整风运动，加强"两个务必"的工作路线宣传教育，重视对"四风"的整顿，使我党永葆生机[③]。

（二）邓小平农村基层党组织建设思想

以邓小平同志为核心的党的第二代中央领导集体，结合中国农村经济和社会的发展实际，为推动农村经济的快速发展，提出了一系列契合中国农村实际的政策方针。提出农村党的组织要坚持家庭联产承包责任制，带领群众走共同富裕的道路。

1. 强调党的领导的重要性

各级党委要敢于领导，肩负责任，树立优良作风，在党的领导下对各方面进行整顿，通过整顿，解决农村问题。强调在整党的基础上挑选干部。一个大队，一个公社，一个县选好了一、二把手，整个领导班子就带起来了[④]，充分的强调了党员"领头雁"的作用。

2. 强调基层党组织的重要意义

邓小平同志指出，基层党的建设要紧跟时代需要，不断改革，以适应承担的历史使命。邓小平同志以中国农村现实问题为导向，结合农村发展实际，强调村党支部要坚定地把群众团结起来，其主导全村各组织和工作，要把进行农村改革，全力带领经济发展作为工作的重心[⑤]。村级的党支部是党与群众沟通、联系的主要渠道，党的各项政策方针都需要村党支部及其党员宣传和执行，党规定的各项工作也需要基层党支部及其党员团结群众，带领群众去完成。还强调党组织要主动推广完善农业生产的家庭联产承包责任制，密切加强与农民的联

① 毛泽东：《毛泽东选集（第 1 卷）》，人民出版社，1991，63-67 页。

② 毛泽东：《毛泽东选集（第 3 卷）》，人民出版社，1991，789-796 页。

③ 雷丽蓉：《基于乡村振兴战略的农村基层党组织建设研究》，硕士学位论文，重庆科技大学思想政治教育，2020。

④ 邓小平：《邓小平文选（第 2 卷）》，人民出版社，1994，12-37 页。

⑤ 邓小平：《邓小平文选（第 2 卷）》，人民出版社，1994，315-317 页。

系，大力发展集体经济，经常检查和改进基层党的工作。同时要重视制度建党和加强党内教育。邓小平同志提出，制度好可以使得坏人无法任意妄为，制度不好会让好人无法投入做好事，甚至还可能会走向反面。强调要加强建设起科学的党内监督制度，深化民主和集中的制度原则，在农村地区，要重视村党组织的设置，通过法律法规的形式确立农村党的工作的地位，选好村支部的“一把手”，发挥基层党组织的重要作用。坚持党内监督和党内民主“双管齐下”，健全农村基层组织的设置，规范党员行为，保障和促进党员队伍和支部的发展。

（三）江泽民农村基层党组织建设思想

以江泽民同志为核心的党的第三代中央领导集体，提出了“三个代表”重要思想，大力加强对农村党的建设水平。强调了党的全部工作主要依托基层党组织来完成，基层党组织在推进基层治理中发挥着重要作用，应该成为贯彻“三个代表”重要思想的践行者、行动者和组织者。农村基层党组织是与村民联系最紧密的基层组织，是党和人民联系沟通的重要渠道，推动党的基层组织建设有利于构建完整的国家治理体系。

1. 强化党同人民群众之间的联系

坚持从群众中来到群众中去的做法，加大支持力度，推动党领导人民群众更好地行使当家作主的权利，行使管理国家事务和社会事务的权利。党的基层组织和广大党员同志要强化思想认识，要联系、宣传、组织群众，充分发挥引领作用，大力加强党风建设，密切党和群众之间的血肉联系，深入听取群众意见，坚定不移执行民主集中制；各级领导干部要常下基层，深入了解群众，同时坚持人民代表大会制度，基层党员同志要积极主动联系非党代表和广大人民群众，倾听意见和了解群众需求；加强多党合作和政治协商制度，加强同其他社会组织之间的密切联系，鼓励群众反映真实情况，结交敢于反映真实情况的朋友[①]。

2. 提升党建水平

坚持民主集中制原则，充分发挥民主集中制的政治优势，充分发扬党内民主。坚持党的领导，始终把党的领导放在首要位置，不断提升基层组织的组织能力，持续开展基层组织提升活动，培养和锻炼党的领导干部，选拔培养德才兼备的年轻干部，加强和改进党的基层组织建设。对于新组织的出现和社会组织的增加，加大力度改善党的基层组织建设，同时加强对流动党员的管理，采取相应措施，解决基层党组织中存在的软弱涣散、不正之风等问题，保证党员队伍的先进性和纯洁性，增强党组织解决自身矛盾的能力。各级党委健全抓好基层党组织建设的责任制，村党支部建设要抓好四项工作，在全体党员中有计划、有步骤开展学习，着重解决好三个问题，将党员教育同党员管理结合起来，表彰先进基层党组织和优秀党员[②]。

3. 深化“五个好”思想

提出，有人管事、有钱办事、有章理事是农村党组织建设的关键，也就是有一个好的领

---

①《中共中央关于加强党同人民群众联系的决定》。

②《中共中央关于加强党的建设几个重大问题的决定》。

导班子、一支好队伍、一条好的发展经济的途径、一个好的经营体制和一套好的管理制度，简称“五个好”的目标[①]。“五个好”目标是江泽民同志农村党组织建设思想的核心，其中，班子建设、机制体制、队伍构建、制度保障和发展路径是一套完整的体系，相辅相成，缺一不可。各级党委要深入农村和基层，因地制宜，健全党的基层工作制度与机制，长期坚持对党员的理论、作风、组织和纪律的管理。

（四）胡锦涛同志农村基层党组织建设思想

以胡锦涛同志为核心的党的第四代中央领导集体，更加对农村、农民和农业工作投入关注和支持，更加注重“三农”的重要性，促进和优化社会主义的新农村建设。

1. 坚定不移走群众路线，充分发挥基层组织作用

利用基层组织，加强对群众的教育引导，重视深化农村改革。提出新时期农村党组织建设目标，培养新型农民，利用基层组织，深入进行党的基本理论，基本路线，基本纲领，基本经验的教育，加强民主法治教育。引导和帮助群众采取正确的手段维护自身权益，做到从群众中来，到群众中去，筑牢党的在农村的基层组织力量[②]。

2. 进一步加强基层党组织建设，加强党员管理

优化组织设置，强化组织功能，扩大组织覆盖，提高班子素质，重视党风建设，培养党员为民、务实、清廉、求真、谦虚、谨慎、艰苦奋斗的工作作风。优化基层党组织带头人和队伍的建设，整顿软弱涣散党支部，肃清腐蚀党的“蛀虫”，调整党组织、党支部机构设置，重视村级党干部的待遇与社会保障等问题[③]。

3. 创新党的基层工作方式

2003 年，开展了以“五个好”为目标的县（市、区）、乡（镇）、村三级党的建设统筹，通过“三级联创”活动、“一事一议”制度，创新了基层党的组织工作方式、目标、模式，深入进行先进性教育，充分提升农村党组织在和谐社会构建进程中的战斗力。同时提出要关心爱护基层干部，支持帮助他们的工作，发挥模范作用，从一线选拔优秀干部充实各级党政领导机关，并且提出要尊重基层和群众的首创精神[④]，明确了为公、为民的执政目标。在党的十八大报告中，胡锦涛同志强调要推动农村党的工作创新，加强对民众的引领和团结，深入实施党的乡村工作相关政策[⑤]。

（五）习近平新时代农村基层党组织建设重要论述

以习近平同志为核心的党的新一代中央领导集体，自十八大以来，对于推进农村建设和

---

① 江泽民：《论党的建设》，中央文献出版社，2001。
② 胡锦涛：《论构建社会主义和谐社会》，中央文献出版社，2013，66-67 页。
③ 胡锦涛：《论构建社会主义和谐社会》，中央文献出版社，2013，26-28 页。
④《中共中央 国务院关于推进社会主义新农村建设的若干意见》。
⑤ 雷丽蓉：《基于乡村振兴战略的农村基层党组织建设研究》，硕士学位论文，重庆医科大学思想政治教育，2020。

党组织建设作出了重要论述，深刻阐述了农村基层党组织建设的重要性。提出农村基层党组织是打赢脱贫攻坚战的重要组织基础，也是推进我国全面建成小康社会的重要基石，更是肩负乡村振兴重要使命的核心力量，农村基层党组织建设对乡村振兴具有十分重要的作用。

1. 打造一支高素质干部队伍

党员干部要认清自己的位置，明确自身责任，充分认识自身岗位的重要性，做到想群众所想，急群众所急，努力提升自身能力，解决群众最关心，最重要的问题。强化思想教育和学习教育，提升自身政治思想意识和改善自身的知识水平结构，坚定理想信念，推进思想建党和制度治党。更要提高选人用人标准，严格按照组织要求选拔干部，更加注重干部的思想建设，培养干部全心全意为人民服务的意识和政治品德，做到立党为公、执政为民、廉洁奉公、对党忠诚①。

2. 加强基层组织建设

党的十九大报告中明确指出，要加强基层组织建设。要把企业、农村、机关、学校、科研院所、街道社区、社会组织等基层党组织建设成为宣传党的主张、贯彻党的决定、领导基层治理、团结动员群众、推动改革发展的坚强战斗堡垒。党支部要担负好直接教育党员、管理党员、监督党员和组织群众、领导群众、凝聚群众、服务群众的职责，引导广大党员发挥先锋模范作用。坚持"三会一课"制度，推进党的基层组织设置和活动方式创新，加强基层党组织带头人队伍建设，扩大基层党组织覆盖面，着力解决一些基层党组织弱化、虚化、边缘化问题。扩大党内基层民主，推进党务公开，畅通党员参与党内事务、监督党的组织和干部、向上级党组织提出意见和建议的渠道②。

二十大报告中，再一次强调各级党组织要履行党章赋予的各项职责，把党的路线方针政策和党中央决策部署贯彻落实好，把各领域广大群众组织团结好。坚持大抓基层的鲜明导向，抓党建促乡村振兴，加强城市社区党建工作，推进以党建引领基层治理，持续整顿软弱涣散基层党组织，把基层党组织建设成为有效实现党的领导的坚强战斗堡垒。加强基层组织建设对于促进社会和谐发展，提高广大人民群众的生活水平和质量、维护党在群众中的形象、巩固党的执政地位具有重要作用。

3. 加强作风建设，重视基层的反腐倡廉

强调党的作风建设是我们党所长期坚持的传统，有利于保证党的先进和纯洁。十九大报告指出，要紧紧保持党同群众的联系，深化群众观念、情感和基础。强化"中央八项规定"的真正落实，要求农村基层党组织领导干部更要牢固树立"四个意识"，明确当前"四大危险"仍然存在，在党的基层建设中要始终坚持管党治党的原则，增强"四自"能力，深化同广大民众的关系，增强"不忘初心、牢记使命"系列教育，强调党员队伍的干净纯洁。在农

① 习近平：《习近平谈治国理政（第二卷）》，外文出版社，2017，139-140 页。

② 习近平：《决胜全面建成小康社会 夺取新时代中国特色社会主义伟大胜利》，在中国共产党第十九次全国代表大会上的报告，2017。

村党的建设中，要始终牢记群众观是全党的立身之本，农村的基层党员要自觉改进工作作风，注重加强自身素质能力，保持同人民的密切联系，深化基层的反腐倡廉工作，更好地解决群众身边的易发生、常发生的相关作风问题[①]。

二十大中强调，坚持以严的基调强化正风肃纪。弘扬党的光荣传统和优良作风，促进党员干部特别是领导干部带头深入调查研究，扑下身子干实事、谋实招、求实效。锲而不舍落实“中央八项规定”精神，抓住“关键少数”以上率下，持续深化纠治“四风”，重点纠治形式主义、官僚主义，坚决破除特权思想和特权行为。把握作风建设地区性、行业性、阶段性特点，抓住普遍发生、反复出现的问题深化整治，推进作风建设常态化、长效化。全面加强党的纪律建设，督促领导干部特别是高级干部严于律己、严负其责、严管所辖，对违反党纪的问题，发现一起坚决查处一起。坚持党性、党风、党纪一起抓，从思想上固本培元，提高党性觉悟，增强拒腐防变能力，涵养富贵不能淫、贫贱不能移、威武不能屈的浩然正气。

此外，坚决打赢反腐败斗争攻坚战、持久战。腐败是危害党的生命力和战斗力的最大毒瘤，反腐败是最彻底的自我革命。只要存在腐败问题产生的土壤和条件，反腐败斗争就一刻不能停，必须永远吹冲锋号。坚持不敢腐、不能腐、不想腐一体推进，同时发力、同向发力、综合发力。以零容忍态度反腐惩恶，更加有力遏制增量，更加有效清除存量，坚决查处政治问题和经济问题交织的腐败，坚决防止领导干部成为利益集团和权势团体的代言人、代理人，坚决治理政商勾连破坏政治生态和经济发展环境问题，决不姑息。深化整治权力集中、资金密集、资源富集领域的腐败，坚决惩治群众身边“蝇贪”，严肃查处领导干部配偶、子女等亲属和身边工作人员利用影响力谋私贪腐问题，坚持受贿行贿一起查，惩治新型腐败和隐性腐败。深化反腐败国际合作，一体构建追逃防逃追赃机制。深化标本兼治，推进反腐败国家立法，加强新时代廉洁文化建设，教育引导广大党员、干部增强不想腐的自觉，清清白白做人、干干净净做事，严厉惩治、规范权力、教育引导紧密结合、协调联动，不断取得更多制度性成果和更大治理效能。

二、新时代基层党建理论

新时代基层党建理论是党的十八大以来，以习近平同志为核心的党中央在坚持马克思主义建党学说的基础上，科学回答了新时代基层党组织建设的具体要求。

1. 突出基层党组织的政治功能

党组织的根本属性是政治属性，政治功能是基本功能[②]。重视发挥基层党组织的政治功能，不让基层党组织变成纯服务性的组织，要在突出基本功能的基础上突出政治功能。党政军民学，东西南北中，党是最高政治领导力量，要坚持和加强党的全面领导，坚持党对一切

---

① 雷丽蓉：《基于乡村振兴战略的农村基层党组织建设研究》，硕士学位论文，重庆医科大学思想政治教育，2020。

② 《中共中央关于加强党的政治建设的意见》。

工作的领导，党的领导是系统的、全面的。坚持党的领导必须突出基层党组织的政治功能，规范党内政治生活，营造气正风清的政治生态，建设健康向上的政治文化，发挥基层党组织功能作用。

2. 加强建设基层党组织的党员队伍

重视基层党组织干部队伍建设，培养一批对党忠诚、品质高尚、专业本领较强的高素质干部，加大力度提升党员队伍的党性修养和自身科学文化素质，提高思想道德水平。基层党支部要充分发挥教育、管理、监督党员和组织、宣传、凝聚、服务群众的作用，引导党员干部发挥先锋模范作用。同时强化选人用人标准，建设骨干队伍，加强带头人队伍建设，确保基层党组织有资源、有能力为群众服务[①]。要关心关爱基层干部，提升基层干部幸福感，改善基层干部工作和生活环境及待遇，积极主动关心关爱基层干部，主动为他们排忧解难[②]。树立全面从严治党向基层延伸思想理念，多举措、多途径解决基层党组织软化、弱化、边缘化问题；同时加强党的作风建设，将其作为党建突破口，树立常态化作风建设观念，持之以恒正风肃纪；严肃党的纪律建设，将其作为全面从严治党的治本之策，加大力度强化政治纪律和组织纪律，以推动其他纪律的建设；结合法治思维，通过法治强化党的建设，打造风清气正的党员队伍和党组织。

3. 加强支部标准化、规范化建设

建党以来，党始终重视支部建设的重要作用。1927 年，“三湾改编”将“支部建在连上”确认为党支部建设的重要制度，同时《中国共产党支部工作条例（试行）》也指出：“党支部是党的基础组织，是党组织开展工作的基本单元。[③]”党要管党才能管好党，从严治党才能治好党，组织体系建设的基本内容是抓好党支部，同时，抓好党支部也是管好党、治好党的基本任务，是检验基层党组织建设成效是否显著的基本标准，更是提升支部建设标准和规范建设的重要方法。因此，在抓支部建设的过程中，要重点强调政治标准，要注重培养党员干部的专业能力和专业精神，通过完善选拔机制，健全选拔制度，选拔出党和人民的好干部。

4. 扩大基层党组织覆盖面

党的十九大报告中强调企业、农村、机关、学校、科研院所、街道社区、社会组织等基层党组织是宣传党的主张、贯彻党的决定、领导基层治理、团结动员群众、推动改革发展的坚强战斗堡垒。扩大基层党组织覆盖面，要注重从产业工人、青年农民、高知识群体中和在非公有制经济组织、社会组织中发展党员[④]。同时加大对现有基层党支部的工作覆盖，扩大

① 习近平：《建设一支宏大高素质干部队伍确保党始终成为坚强领导核心》，《紫光阁》2013 年第 8 期，8-9 页。

②《中国共产党第十九次全国代表大会文件汇编》编写组：《中国共产党第十九次全国代表大会文件汇编》，人民出版社，2017，第 52 页。

③ 中共中央：《中国共产党支部工作条例（试行）》，《人民日报》2018 年 11 月 26 日第 1 期。

④ 习近平：《决胜全面建成小康社会 夺取新时代中国特色社会主义伟大胜利》，《人民日报》2017 年 10 月 28 日第 1 期。

党组织在“两新”组织中的覆盖面，适应基层社会变化，创新基层党组织设置方法。推动党组织向各类社会组织中嵌入，在符合条件的群体中建立党的组织，保证每一名党员都能在党组织的有效管理范围中。

5. 扩大党内基层民主

扩大党内基层民主是推进党务公开、畅通党员参与党内事务、监督党的组织和干部、向上级党组织提出意见和建议的重要渠道。充分尊重党员主体地位，听取党员意见，是实现基层民主的主要方式和重要方法，党内基层民主是党稳健推进党内民主这一系统工程的基础，是激发广大基层干部活力的重要保证[①]。所以新时代扩大党内基层民主需要以党员为主体，加强民主制度建设，加大阳光党务工作力度，党务公开，增加透明度，有效开展并确保监督制度的落实和公开透明，有效保障基层民主的有效展开，才能赢得民心。

当然，在这些的基础上，新时代基层党建更加要求基层党组织要以党的伟大自我革命推动社会伟大变革；更要全面从严治党，强化党的执政能力建设、提升党的先进性和纯洁性，完善党的整治建设，从思想建党、组织建党和制度治党出发，深刻认识政治建设作为党根本性建设的重要性，明确党领导一切作为政治建设首要任务的核心地位。要强化思想建设基础性建设作用，坚定信念，挺起中国共产党人的精神脊梁。

三、行政组织理论

行政组织理论，由德国著名的社会学家马克斯·韦伯在19世纪早期提出。马克斯·韦伯认为：“层级制结构中的每一职位都是构成一个完整的组织形态不可缺少的部分；在此结构中分工制度明确；每一职位都具有相当的法定权力为了实现目标；具有法定的各种工作规定以及法规；行政权和立法权分离；管理人员具有专业才能、经过专业培训；公开竞争是其选拔的基本方式；职位职责范围明确；职位不属私人所有。[②]”行政组织不仅严密而且合理，它能够像机器一样运行，使得专业的人干专业的事情，通过设立特定的目标，激励组织中的每一个个体，建立清晰而且明确的权利和责任划分，健全完善的规章制度和奖罚措施，完成一级为一级负责、一级服从一级的等级制度，从而构建为系统完善的管理体系。运用行政组织理论有助于建立具有中国特色的行政组织理论体系，为社会健康发展保驾护航，运用该理论使行政组织不断地现代化、不断地民主化、不断地法制化、不断地科学化，为当前我国行政改革提供理论依据，有利于提高行政人员素质、优化行政人员行为，不断提升其工作能力和管理水平。

---

① 骆琳琳：《十八大以来中国共产党关于基层党组织建设思想研究》，硕士学位论文，湖南师范大学马克思主义理论，2019。

② 竺乾威：《组织理论及其发展》，《国外社会科学》1987年第2期，第5页。

四、协同治理理论

目前学界对于协同治理理论主要有三种不同的观点：

（1）部分专家学者主要侧重协同治理中的共识导向，主要观点是发起协同治理的首先是政府，并同非政府部门一起协商、制定和执行公共政策或管理公共事物。

（2）部分专家学者侧重协同治理中的协商过程，强调利益相关者与协同治理之间的因果关系，“利益相关者”为了解决公共难题而“协同工作”，进一步促使协同治理政策制定。

（3）部分专家学者侧重多元主体在协同治理中的参与合作、团结共进，认为协同治理是各参与主体为实现共同的公共目的，共同制定公共政策，积极地参与跨公共、私人、公民团体的公共政策制定和管理的过程和结构。

从专家学者的不同观点中，可以总结出“协同治理”的共同特征：

（1）具有共同的治理目标，以共识为导向。

（2）协同治理是通过政府、企业、社会团体、公众的共同参与和协商来制定和执行政策以解决公共治理难题。

（3）其决策过程是集体的共同决策，①要寻求多元利益相关主体广泛参与。②需要制定明确的基本规则和透明的合作程序。协同治理在我国的应用较为普遍，其中党的十九届四中全会就提出，基层社会治理是国家治理的重要方面。要逐步完善党和政府领导负责、经济社会组织协同、公众积极参与的社会治理体系。同时健全基层党组织领导的基层群众自治机制，构建基层社会治理新格局。《关于加强和改进乡村治理的指导意见》也对协同治理提出相应要求，明确在乡村治理中要建立以基层党组织为领导、村民自治组织和村务监督组织为基础、集体经济组织和农民合作组织为纽带、其他经济社会组织为补充的村级组织体系[①]。

五、善治理论

善治理论是在治理理论发展的过程中提出的新概念。治理理论重点在于政府与公民之间的合作管理，能够体现政治发展方向，虽然治理理论具有更加适合现代社会的管理技巧和方法，却很难保证治理新模式的功能作用，治理的失效，催生了善治的目标。善治与一般治理理论的本质区别在于特征治理模式是政府与公民合作管理社会公共事务和生活，政府、国家、公民、社会形成的新的关系状态，是现代治理的最佳状态。善治意味着国家权力的放宽，意味着国家权利向社会回归，其实质可以说是政府与公民之间形成了良好合作的状态。通过良好合作，提高公民参政议政积极性，从传统的善治迈向新的善治，善治赋予公民更多机会和权利参与到政府公共政策活动中，有利于维护公共政策的公共性，更好地实现公共利益的最大化。乡村振兴战略背景下，首先，善治的实现要通过依法治理来保障公民绝对安全，营造

① 陈安伟：《乡村振兴战略下的乡村治理结构问题研究——以山东省 Z 市为例》，硕士学位论文，山东大学公共管理，2020。

全社会尊崇法律的法治环境；其次，公共机构要正确地管理公共事务和进行有效的行政管理；再次，公共机构领导人或带头人要落实责任制，即以实际行动对管理服务对象负责；最后，保障公共信息发布渠道畅通，及时公开公共决策内容，形成公共监督机制。

第三节　乡村组织振兴之组织分类

一、基层党组织

（一）基层党组织的设立

《中国共产党章程》规定：企业、农村、机关、学校、科研院所、街道社区、社会组织、人民解放军连队和其他基层单位，凡是有正式党员 3 人以上的，都应当成立党的基层组织。同时，《中国共产党农村基层组织工作条例》规定：乡镇党的委员会（以下简称乡镇党委）和村党组织（村指行政村）是党在农村的基层组织，是党在农村全部工作和战斗力的基础，全面领导乡镇、村的各类组织和各项工作。

乡镇应当设立党的基层委员会，乡镇党委每届任期 5 年，由党员大会或者党员代表大会选举产生。

以村为基本单元设置党组织。有正式党员 3 人以上的村，应当成立党支部；不足 3 人的，可以与邻近村联合成立党支部。党员人数超过 50 人的村，或者党员人数虽不足 50 人、确因工作需要的村，可以成立党的总支部。党员人数 100 人以上的村，根据工作需要，经县级地方党委批准，可以成立党的基层委员会，下设若干党支部；村党委员会受乡镇党委领导。村党的委员会、总支部委员会、支部委员会每届任期 5 年，由党员大会选举产生。党员人数 500 人以上的村党的委员会，经乡镇党委批准，可以由党员代表大会选举产生。所以，党的基层组织目前有三类：党的基层委员会、总支委员会和支部委员会。其中基层委员会主要在乡镇一级设立，总支委员会和支部委员会主要在村一级设立。

其中乡镇党委一般设委员 7 ~ 9 名，其中书记 1 名、副书记 2 ~ 3 名，应当设组织委员、宣传委员，纪委书记由党委委员兼任。党委委员按照乡镇领导职务配备。村党的总支部委员会一般设委员 5 ~ 7 名，其中书记 1 名、副书记 1 名、纪检委员 1 名。村党的委员会一般设委员 5 ~ 7 名，最多不超过 9 名，其中书记 1 名、副书记 1 ~ 2 名、纪委书记 1 名。村党的支部委员会一般设委员 3 ~ 5 名，其中书记 1 名，必要时可以设副书记 1 名；正式党员不足 7 人的支部，不设支部委员会。

（二）基层组织的主要职责

1. 乡镇党委的主要职责

（1）宣传和执行党的路线方针政策和党中央、上级党组织及本乡镇党员代表大会（党员大会）的决议。

（2）讨论和决定本乡镇经济、政治、文化、社会及生态文明建设和党的建设以及乡村振兴中的重大问题，决定集体经济组织的重要事项。

（3）领导政府机关，社会组织及经济组织等，指导支持其依法履行各自职责。

（4）加强党组织自身建设，抓党建，开展党员工作，强化党员队伍建设。维护和执行党的纪律，监督广大党员干部群众遵守国家法律法规。

（5）开展党员教育、培训、选拔、考核和监督工作。协助上级有关部门开展驻乡镇干部管理工作。

（6）领导基层治理工作，推进社会主义民主法治建设和精神文明建设，开展社会治安综合治理、美丽乡村建设、民生保障、脱贫致富、民族宗教等工作。

2. 村党组织的主要职责

（1）宣传党的方针政策，执行上级决策部署。

（2）讨论和决定与本村有关的经济、政治、文化、社会、生态文明建设和党的建设，对于乡村振兴中的重要问题要及时主动报告乡镇党委。及时依法依规讨论有关集体经济相关事项，并由村民会议、村民代表会议或者集体经济组织依照法律和有关规定作出决定。

（3）领导和推进村级民主治理进程，推进农村基层民主协商，支持和保障村民依法开展自治活动。领导和规范自治组织、集体经济组织、社会组织等依法依章履行职责。

（4）强化建设村党组织，严格基层党组织组织生活，开展组织活动，教育、管理、监督和服务党员。教育和培养积极分子，发展党员。加强对各类组织负责人的教育、管理和监督工作，加大力度培育村级后备干部。

（5）常态化了解和接受群众的批评和意见，切实保障维护群众正当权力和利益，做好群众思政工作。

（6）领导本村的社会治理，在上级部门指导下做好本村的各项建设工作。

无论是乡镇党委还是村党组织，其作为党在农村工作的第一战斗堡垒，宣传党的政策方针是其第一要义，推进农村工作向好发展是其初心使命。

（三）基层党组织的基本任务

党的基层组织在我国基层治理体系中发挥重要作用，是党的工作力量和工作基础。稳定基层党组织有利于落实党的方针政策，有利于凝聚群众力量，形成强大合力。

基层党组织的基本任务：

（1）宣传和执行党的方针政策。党的思想路线是新时期中国共产党根据中央的要求制定的工作细则，基层党组织要明晰中国共产党的性质、宗旨、指导思想、任务和最高纲领，要在工作方向上与党中央保持一致，要积极宣传党的政策、方针、路线，要朝着中华民族伟大复兴的目标奋勇前进。加强自身政治建设，积极完成上级党委下达的任务。

（2）积极学习新时期理论。习近平新时代中国特色社会主义理论思想是凝聚了中国智慧的思想理论，充分彰显了中国共产党人的政治定力，是我国必须长期坚持的指导思想。党的基层组织要坚持推进“两学一做”，要把学习习近平新时代中国特色社会主义理论思想贯穿于日常的生活、工作、学习中，要坚持系统观念，不断学习、不断提高。

（3）加强党员教育。基层组织要把党员建设作为重点任务来推进，要重点抓党员教育和党员管理，坚定农村党员的理想信念，规范党员生活。党员管理在党的建设中是基础性的工作，只有稳固根基，才能推动党的建设。

（4）密切联系群众。基层党组织要经常开展联系群众活动，要了解群众需求，做好农村群众的思想政治工作。

（5）发挥党员的创造性和积极性。促进农村能人志士积极参与乡村治理，赓续好传统，不断深化和加强人才培养工作。

（6）对要求入党的积极分子进行教育和培养，规范化发展农村党员，重视在生产、工作第一线和青年中发展党员。

（7）履行监督职责。基层农村党组织要履行监督职责，要监督党员干部和其他任何工作人员严格遵守国家法律法规，严格遵守国家的财政经济法规和人事制度，保护国家、集体和群众的财产和利益。

（8）教育党员和群众自觉抵制不良倾向，坚决同各种违纪违法行为作斗争。

二、基层政府

（一）基层政府的内涵

1982 年 12 月，修订后的《中华人民共和国宪法》规定，乡、民族乡和镇是我国最基层的行政区域，乡镇行政区域内的行政工作由乡镇人民政府负责。确定了乡（民族乡、镇）为我国的基层人民政府。

在研究过程中，部分学者也对基层政府进行了说明：

（1）基层政府是在国家结构体系、行政组织体系中处于最低层级的行政单位。是国家为实现其政治、经济和文化职能，是依法在国家结构体系或行政组织体系中的最基层所设立的国家机关及其所行使的权力的统一体[①]。

（2）基层政府是国家在基层依法管理社会公共事务并对辖区内的公民提供公共服务，与公民接触具有经常性和直接性的行政机构。从等级上看，基层政府包括县（区）级和乡级

① 张莉娣：《农村公共服务供给中基层政府的角色定位研究》，硕士学位论文，华东理工大学，2014。

以及市级中的街道和社区机构[①]。

（3）基层政府是政府部门与普通公民之间联系的重要中间环节，是指在行政组织体系中，在依据公共权力履行行政职能的过程中，经常性地以与公民直接接触为主要方式提供公共产品和服务的层级较低的政府及其职能部门[②]。

（4）我国基层政府分为农村基层政府和城市基层政府。在农村，基层政府指乡（镇）、民族乡；在城市指未划分为区的市或市辖区。从组织的角度看，中国的基层政府指的是乡、镇和民族乡的人民代表大会以及人民政府，未划分区的市、市辖区的人民代表大会以及人民政府[③]。

不论是《中华人民共和国宪法》还是学者给出的基层政府的描述都可知，基层政府是指最低层次的、具有完整权力的，直接与群众经常性和直接性接触的提供公共产品和服务的行政单位。在这里主要指乡镇政府。

（二）基层政府的职能

党的十六届三中全会及2004年政府工作报告指出："各级政府要全面履行政府职能，在继续做好经济调节、市场监管的同时，更加注重履行社会管理和公共服务职能。[④]"

党的十九届五中全会提出："要加快转变政府职能，优化政府职责体系，理顺部门职责关系，不断完善政府经济调节、市场监管、社会管理、公共服务、生态环境保护等职能……[⑤]"

可知基层政府的主要职能为：

（1）经济调节。①维持经济总量平衡；②进行经济结构调整；③公平收入分配。

（2）市场监管。①对一切市场交易行为制定政策规范；②开展检查；③纠正违规行为；④维护市场主体合法权益。其中监管重点是市场交易活动中的市场准入、公平竞争和维权保护三个方面。

（3）社会管理。社会管理职能主要为以下几方面：①维护社会稳定和安全，健全社会治安综合治理机制；②完善社会保障制度；③完善就业服务体系，提供有利于扩大就业的政策环境；④持续做好人口资源环境；⑤食品药品卫生服务监管职能。

（4）公共服务。政府公共服务的重点集中在关系国计民生的教育、医疗、就业、住房、出行和社会保障上。

（5）生态环境保护。出台相关法律文件，提供相应资金，组织人员对各负责区域进行环境整治、监督和管理，确保生态环境整治长效显著。

---

① 陈娅娅：《基层政府的乡村治理能力现代化思考》，硕士学位论文，太原理工大学马克思主义理论，2017。

② 向礼晖：《基层政府治理能力提升路径研究——基于新公共服务理论视角》，硕士学位论文，重庆大学公共管理，2015。

③ 王苏亚：《乡村振兴中的基层政府环境治理研究》，硕士学位论文，山东大学公共管理，2020。

④《第十届全国人大二次会议政府工作报告》。

⑤《中国共产党第十九届中央委员会第五次全体会议公报》。

三、村民自治组织

（一）村民自治组织的内涵

《中华人民共和国宪法》规定：城市和农村按居民居住地区设立的居民委员会或者村民委员会是基层群众性自治组织。居民委员会、村民委员会的主任、副主任和委员由居民选举。居民委员会、村民委员会同基层政权的相互关系由法律规定。居民委员会、村民委员会设人民调解、治安保卫、公共卫生等委员会，办理本地区的公共事务和公益事业，调解民间纠纷，协助维护社会治安，并且向人民政府反映群众的意见、要求和提出建议。

《中华人民共和国村民委员会组织法》（2018年修正）规定：村民委员会是村民自我管理、自我教育、自我服务、自我监督的基层群众性自治组织，实行民主选举、民主决策、民主管理、民主监督。村民委员会办理本村的公共事务和公益事业，调解民间纠纷，协助维护社会治安，向人民政府反映村民的意见、要求和提出建议。村民委员会向村民会议、村民代表会议负责并报告工作。

（二）学界对于村民自治组织内涵的界定

不同的学者在《中华人民共和国宪法》和《中华人民共和国村民委员会组织法》的基础上对村民自治组织的内涵进行了深入的讨论。

徐勇从机构上把村民自治组织划分为权力机构与工作机构。①村民会议和村民代表会议属于村民组织系统中的权力机构。②常设性工作机构包括村民自治委员会下属的村民小组以及村民委员会[①]。

陈春认为村民自治组织是农村群众依据国家相关法律，经过民主程序、民主选举自发建立的组织，通过自我管理、自我教育、自我监督开展群众性自治组织。他也将村民自治组织分为权力机构和工作机构。他认为权力机构顾名思义拥有最高决策权，凡是涉及农村利益的重大事项都由权力机构决定，是参与人数最多、参与规模最大的组织形式。从权力大小来看，一般认为村民会议在村民自治体系中权力最高，其次是村民代表大会。从工作内容上来看，村民自治组织的常设机构与执行机构是村民委员会，它承担了农村社会的日常事务，是村级事务的直接管理者；村民主要是负责召集本村村民小组开会以及活动，并协助村民委员会开展村民自治事务，是村级事务的协助者[②]。

程启军认为，所谓村民自治组织，是通过组织这个媒介表达利益诉求，其功能是为村民自治提供组织条件以实现村民自我管理、自我教育、自我服务和自我监督[③]。

卢福营认为，村民自治组织是一个与村民委员会对应的，拥有完整、独立的一种农村组织类型[④]。

---

① 徐勇：《中国农村村民自治》，华中师范大学出版社，1997，第 78 页。

② 陈春：《乡村治理结构中的村民自治组织角色研究》，硕士学位论文，南京农业大学行政管理，2012。

③ 程启军：《村民自治组织体系的结构功能分析》，《社会》2002 年第 10 期，23-24 页。

④ 卢福营：《当代浙江乡村治理研究》，科学出版社，2009，第 25 页。

谭政认为村民自治组织有狭义和广义之分，狭义的自治组织是指村民自治委员会、村民大会党支部；广义上只要农村组织的服务主体是村民，对象是村内公共事务都能算村民自治组织，包括传统的宗族、乡社团体、庙会、妇联或治安大队等公益慈善组织，农民专业合作社，集体经济团体企业等经济组织之类的经济组织也属于村民自治组织[①]。

包爱平提出村民自治组织是村民自己管理自己的组织，这个组织是由村民自发成立，服务与管理村集体事务，其存在多种形式[②]。

闫理真指出村民自治是由一个或几个自然村的村民自发组织起来，在地方政府引导下，依照国家的法律、法规进行自我管理、自我教育和自我服务等活动，就是当地农村群众按照法律、相应的规章制度处理农村社会事务。主要的特点是：①自治的主体是农村村民、服务对象是农民。②自治的最小单位是村。③自治的内容是加强本村公共事务和公益事业供给能力。④自治的目的是实现村民的自我管理、自我教育、自我服务，同时及时有效地处理农村大小事务，将社会主义民主落实到最基层，保证国家对农村基层社会的有效治理[③]。

总结以上学者的观点，村民自治组织包括村民会议或村民代表会议、村民委员会、村民小组和村民选举委员会，其中村民选举委员会为临时性机关，职能只在于村民选举。

结合国家法律规定，以及学界学者研究可知，村民自治组织是村民为了实现自我管理、自我教育、自我服务的实行民主选举、民主决策、民主管理、民主监督的基层群众性自治组织。本书中的村民自治组织是指村民会议、村民代表会议、村民委员会、村民小组及其他各类专门委员会，其中村民委员会以其组织成员、职能及权力等成为基层自治组织的主要研究对象，从狭义上来说，基层自治组织也就是村民自治委员会。

（三）村民委员会的设置及职责

村民委员会是村民自我管理、自我教育、自我服务的基层群众性自治组织，实行民主选举、民主决策、民主管理、民主监督。村民委员会主要办理本村的公共事务和公益事业，调解民间纠纷，协助维护社会治安，向人民政府反映村民的意见、要求和提出建议，同时向村民会议、村民代表会议负责并报告工作。村民委员会的设立、撤销、范围调整，由乡、民族乡、镇的人民政府提出，经村民会议讨论同意，报县级人民政府批准。村民委员会也可以根据村民居住状况、集体土地所有权关系等分设若干村民小组。其主要的工作之一是协助乡、民族乡、镇的人民政府开展工作。同时村民委员会应支持和组织村民依法发展各种形式的合作经济和其他经济，承担本村生产的服务和协调工作，促进农村生产建设和经济发展。依法管理本村属于村民集体所有的土地和其他财产，引导村民合理利用自然资源，保护和改善生态环境，尊重并支持集体经济组织依法独立进行经济活动的自主权，维护以家庭承包经营为

---

① 谭政：《乡村振兴战略中乡镇政府与村民自治组织关系研究》，硕士学位论文，湘潭大学公共管理，2019。

② 包爱平：《农村环境污染治理中村民自治组织的参与研究》，硕士学位论文，南京农业大学农村区域发展，2017。

③ 闫理真：《村民自治组织与村民权利的行政法救济》，硕士学位论文，中国政法大学，2007。

基础、统分结合的双层经营体制，保障集体经济组织和村民、承包经营户、联户或者合伙人的合法财产权和其他合法权益。宣传《中华人民共和国宪法》、法律、法规和国家的政策，教育和推动村民履行法律规定的义务、爱护公共财产，维护村民的合法权益，发展文化教育，普及科技知识，促进男女平等。做好计划生育工作，促进村与村之间的团结、互助，开展多种形式的社会主义精神文明建设活动，支持服务性、公益性、互助性社会组织依法开展活动，推动农村社区建设，多民族村民居住的村，村民委员会应当教育和引导各民族村民增进团结、互相尊重、互相帮助。从职责上来说，村民委员会领导其他一切基层自治组织，其他基层自治组织的工作都在村民委员会的领导下合法开展。

四、集体经济组织

（一）农村集体经济组织的内涵

目前农村集体经济组织尚未有一个清晰的界定。但是可以确定，农村集体经济组织的内涵一直在随着社会经济的发展而变化着。农村集体经济组织最早由毛泽东同志在七届二中全会提出："必须组织生产的、消费的和信用的合作社，……这种合作社是以私有制为基础的在无产阶级领导的国家政权管理之下的劳动群众的集体经济组织。[①]"

社会主义改造完成后到改革开放前集体经济有较为明晰的概念，指"三级所有、队为基础"（人民公社的组织是公社、生产大队、生产队三级，公社内部实行三级所有，三级核算，以生产队为基本的核算单位，土地和基本生产资料固定到生产队，生产队有生产的自主权，各级之间的协作，要坚持等价交换原则）[②]的人民公社体制的经济组织形式，且是政社合一的体制，也可以称为农村社区合作经济组织。

改革开放后，《中华人民共和国宪法》规定：农村集体经济组织实行家庭承包经营为基础、统分结合的双层经营体制。农村中各种形式的合作经济是社会主义劳动群众集体所有制经济。国家保护城乡集体经济组织的合法权利和利益，支持引导集体经济发展。《中共中央国务院关于稳步推进农村集体产权制度改革的意见》中指出，农村集体经济是集体成员通过利用集体所有的资源要素，通过合作与联合实现共同发展的一种经济形态。是劳动群众集体所有的一种公有制经济，也是拥有生产资料的劳动者联合在一起，共同劳动、共同收益的一种经济组织形式，其主要以户为单位确认成员资格权及受益权。农村集体经济组织是农村集体资产管理的主体之一，具有特殊性，又被称为经济合作社或股份经济合作社。

其与农民专业合作社有所区别，农民专业合作社注重生产者的生产和交易活动，而农村集体经济组织是以资产、资源为基础进行合作，共同生产，共享收益。前者是为了对抗市场

---

① 毛泽东：《毛泽东选集（第四卷）》，人民出版社,1960，1432-1433 页。

② 中共中央文献研究室：《关于建国以来党的若干历史问题的决议注释本(修订)》，人民出版社，1990，第 334 页。

风险，基于市场经济中的“弱者”的资金、技术或生产的联合，基于自愿的原则进行合作，“入社自愿、退社自由”；而后者是基于土地集体所有的社会主义公有制的资源、资产的联合，其组织成员的资格界定是基于户籍关系、农村土地承包关系、对集体积累的贡献等。

可以看出，虽然国家对集体经济组织的功能作用等都进行了说明，但是，其内涵无论是在法律上还是现实生活中都还呈现为模糊状态。2020 年 7 月 25 日中国“三农”发展大会上给出较为权威定义，全国人大农委副主任委员刘振伟提出的：农村集体经济组织是以成员及其共同拥有的自然性资产为纽带，通过合作与联合，共同发展经济的一种经济组织形式[①]。

（二）学界对于农村集体经济组织的界定

在官方给出定义之前，农村集体经济组织的内涵在法律上和现实生活中都处于模糊状态，但对于农村集体经济研究的却一直在进行着。在这过程中，学者们结合自身研究分别给出了农村集体经济组织的内涵界定。

冉郑洁认为，农村集体经济是新型经济组织，其组织形式主要表现为双层经营体制、股份制、股份合作制、合作股份制、新型社区合作经济新型、合作社等各种形式联合体。而我们现在通常所说的集体经济组织是主要是从“三级所有、队为基础”发展而来的。在保持原来合作性、区域性、综合性的基础上增加了体制新、机制新、制度新三个内涵[②]。

高达提出以原人民公社、生产大队、生产队建制中原负责经济管理和生产经营职能部门为基础和原形，经过改革、改造、改组后从人民公社体系中剥离出来的，以乡镇、（行政）村、村民小组（自然村）的行政社区划分为地域范围设立的，掌握该社区范围内农民集体各类资产和经济事务的经营管理权（核心是承包地和宅基地的经营管理权）的组织，是狭义的农村经济组织，其只是同级别农民集体的权力代理人和意志执行人。还指出，当前已有的中央及地方立法对农村集体经济组织均采用狭义观。在研究农村集体经济组织的过程中应采取狭义的定义与之保持一致[③]。

彭晓琼认为，农村集体经济组织就是社区型农村集体经济组织。在一定范围内，通常为村域范围内的村民根据自愿、互利原则，将原先个人拥有的土地、林地等生产资料纳入集体所有，并在集体的管理下，成员之间实行共同劳动、按劳分配的经济组织[④]。

李培序指出，农村集体经济组织是地缘关系基础上的经济联合体，是建立在地缘关系基础上，劳动者、生产资料聚集在一起形成的共享劳动成果的经济联合体。区别于以劳动和资本为纽带结合而成的合作经济，农村集体经济组织在保留其劳动者、生产资料聚集联合的本

---

① 刘振伟：《制定农村集体经济组织法需重点研究的几个问题》，http://www.kunlunce.com/klzt/tydl/2020-08-21/146266.html，访问日期：2022 年 2 月 26 日。

② 冉郑洁：《新农村建设中的农村集体经济组织形式研究》，硕士学位论文，西南交通大学马克思主义理论与思想政治教育，2007。

③ 高达：《农村集体经济组织成员权研究》，博士学位论文，西南政法大学，2014。

④ 彭晓琼：《农村集体经济组织治理结构现状、问题研究》，硕士学位论文，华南农业大学农村与区域发展，2016。

质属性的前提下，表现为不同的组织、经营形式[①]。

赵璐认为，农村集体经济组织是乡村范围内的经济组织，但由于依托土地资源，相应的土地承包方案、集体经济立项、征收补偿款分配方案等决策权使得它与一般营利性法人具有不同之处，其决策权的公益性更为突出。

孙晓峰提出，农村集体经济组织特指土地等生产资料集体所有基础上形成的村级社区型集体经济组织[②]。

李庆祥认为，农村集体经济组织可定义为由合作社、生产队等历史演变形成，有一定范围的农村村民为成员、有农村土地等独立财产、有独立的组织机构和场所、得到法律承认并赋予法人资格的农村互助性经济组织[③]。

刘茹提出从两个角度理解农村集体经济组织，一是传统意义上的集体经济组织，二是新型农村集体经济组织。传统集体经济组织是指在行政村范围内，以社会主义集体所有制为主要特征的一种组织形式。新型农村集体经济组织是指以规模经济为特征，服务村民，满足内部成员经济发展需求的合作经济组织。目前我国主要是传统意义上的集体经济组织[④]。

从以上学者的观点中可以看出，农村集体经济组织的特性有：①村民有范围。②基本存在于村一级。③具有生产资料。④组织成员之间共同劳动、共同受益。

（三）农村集体经济组织的发展

农村集体经济组织产生于20世纪50年代农业合作化运动，是在农村集体土地所有制基础上形成的中国特色的乡村社区型综合性经济组织，经历了四个主要时期：

1. 初步发展阶段（1949—1958年）

也就是合作化时期，主要以互助组、初级社、高级社发展为主。中华人民共和国成立初期，中国的一切都在进行改革，“土地革命”是其中重要的一环，1952年土地改革的完成，中国真正实现了“耕者有其田”，农民成为土地的主人，农民的生产积极性被充分调动起来。在这之前，刚建立的中华人民共和国，百废待兴，劳动力少，生产工具等落后，出现生产经营规模小，分散生产，生产技术更新缓慢，劳动生产率低等问题。为了解决农业生产中面临的劳动力、生产工具不足等困难，在自愿的基础上一些地区的农村开始建立互助组织，农民之间也开始进行劳动和生产资料的交换，具有集体性质的劳动互助组织应运而生。其表现为两种形式：

（1）临时性的互助组织，由几户农户在农忙时临时组织，进行换工，这是互助组织的初级形式。

---

① 李培序：《中国农村集体经济组织产权制度改革研究》，硕士学位论文，吉林大学农业经济，2017。

② 孙晓峰：《从“依附”到“法人”：农村集体经济组织治理结构转型研究》，硕士学位论文，华南理工大学农业经济，2019。

③ 李庆祥：《农村集体经济组织成员资格制度探析》，硕士学位论文，西南政法大学行政法及地方法制，2019。

④ 刘茹：《论农村集体经济组织治理结构的构建》，硕士学位论文，山西大学行政法及地方法制，2019。

（2）常年性的互助组织，规模大，组员稳定，是互助组织的高级形式。

在这样的发展背景下，1951年12月，中共中央制定了《关于农业生产互助合作的决议（草案）》，提出要积极引导农民走合作自助道路。互助社的提出，符合当时的农村发展现状，极大提高了群众的生产积极性。但是互助组织由于存在着变工换工不对等、时间有先后等矛盾①，加上经济发展，我国工业化建设需要农村经济发展支持，一家一户的经济及简单的劳动互助组织无法满足需求②，在这样的背景下，初级农业合作社（简称初级社）发展成为必然。1953年2月，《关于农业生产互助合作的决议》正式通过，指出条件成熟地区重点发展以土地入股为主的农业生产合作社，这是在土地私有基础上发展出来的农业生产合作社，也称初级社。农民以土地作为生产资本入股，所有生产资料的使用由合作社统一调配，由合作社统一经营。初级农业生产合作社标志着农村集体经济组织的正式诞生③。

初级社发展时期，土地所有权归农民所有，其带来的问题是：一部分小生产者由于生产力水平的问题将会破产，出卖土地，沦为劳动力出卖者；另一部分生产者发财致富，买进土地，积累大量的生产资料和资本，成为生产资料的占有者并雇佣生产。在这样的背景下，毛泽东同志发表了《关于农业合作化问题》报告，提出农业合作社当时存在的问题，要通过对整个农业的社会主义的改造，即实行合作化，消灭农村中的富农经济制度和个体经济制度，使农村人民共同富裕。

1955年10月，基于毛泽东同志的报告《关于农业合作化问题的决议》正式通过。重点支持有条件的地方重点试办高级社，实行主要生产资料完全集体所有、社员土地全部转为合作社集体所有，同时取消土地报酬。

1956年6月30日，审议通过了《高级农业生产合作社示范章程》，至此我国基本完成高级农业生产合作社的转化，同时也标志着我国基本完成了对个体农业的社会主义改造，实现中国土地的公有化，在农村建立起集体经济组织进而建立起集体所有制经济④。但也不可否认在改革发展的过程中，这项工作也遗留了一些问题。

2. 进一步发展阶段（1958—1977年）

也就是人民公社时期。该时期人民公社组织形态主要是“三级所有，队为基础”，这也是农村集体经济组织最初的形态。

1958年，为了适应农业生产和“文化革命”的需要，中共中央政治局成都会议通过了《关于把小型的农业合作社适当地合并为大社的意见》，意见提出在有条件的地方，要把小型农业合作社有计划地、适当地合并为大型合作社。随后各地纷纷将小社合并为大社，于是出现

① 于雅璁、王宗敏：《农村集体经济组织：发展历程、检视与未来展望》，《农村经济》2020年第449卷，第3期，10-18页。

② 赵意焕：《中国农村集体经济70年的成就与经验》，《毛泽东邓小平理论研究》2019年第382卷，第7期，108-109页。

③ 张英洪、王丽红、刘伟：《农村集体经济组织发展历程回顾》，《农村经营管理》2021年 第7期，17-19页。

④ 张英洪、王丽红、刘伟：《农村集体经济组织发展历程回顾》，《农村经营管理》2021年 第7期，17-19页。

了很多“集体农庄”“共产主义公社”以及“人民公社”等各类集体社。

1958 年 8 月，毛泽东同志对人民公社的特点进行了说明，指出人民公社的特点是“一大二公”，提出“有这样一个社，就会有好多社”。1958 年 9 月，毛泽东同志视察山东时提出：“还是办人民公社好……”掀起了办人民公社的热潮。同月发布的《关于在全国农村建立人民公社的决议》，更是将人民公社的热潮推向高潮。

人民公社发展期间，存在“共产风、浮夸风、一刀切”等问题，因此针对人民公社存在的问题。1961 年中央讨论通过《农村人民公社工作条例（草案）》，同年 5 月 21 日至 6 月 12 日，对草案进行修改，形成《农村人民公社工作条例（修正草案）》，于 1962 年中共八届十中全会通过。确定人民公社属于集体经济组织，明确公社、生产大队和生产队三级所有，以生产队为基本核算单位的农村土地制度，也就是“三级所有、队为基础”模式①。

人民公社特殊的结构形式及其制度模式，使得其高度集中并掌握了辖区内的经济、政治资源，对农民的生产生活带来了极大的影响，深刻地改变了农村的社会结构。“政社合一”的模式使得后来的基层政府与集体经济组织之间产生复杂难解的关系。

3. 联产承包阶段（1978—2010 年）

也就是双层经营体制时期。人民公社化的发展，以及农村生产条件水平，影响了群众的生产积极性，严重制约了农村的生产生活水平及经济发展水平。为了改变人民公社带来的一系列问题，1978 年，安徽凤阳小岗村村民率先实行“分开土地承包，包干到户、包产到户”的壮举，分离土地所有权和经营权，实行统分结合的双层经营体制。开辟了家庭联产承包责任制先河，为中国农村找到了出路。

1980 年，邓小平同志公开肯定了“小岗村”的做法，这为农村改革释放出明确信号。同年发布《关于进一步加强和完善农业生产责任制的几个问题》对包产到户的性质做了充分解释，为家庭联产承包责任制奠定了基础。

1982 年，中央一号文件正式对家庭联产承包责任制进行充分肯定并作出指示，极大地促进了生产责任制的发展，提高了农民的生产积极性，奠定了家庭联产承包责任制的地位。同时为了配套家庭联产承包责任制，原有的农村“政社合一”的组织模式也要发生变化。在这个前提下，1983 年中央发布的《当前农村经济政策的若干问题》中明确指出：“人民公社的体制，要从两个方面进行改革。这就是，实行生产责任制，特别是联产承包责任制；实行政社分设……在政社分设后，基层组织政权，依照宪法建立……”同年颁布《关于实行政社分开、建立乡政府的通知》，乡政府的建立标志着人民公社作为政治载体功能退出了历史舞台，但是其集体经济载体作用仍旧以其他形式存在于农村社会，如乡镇企业。但是多数的农村并未设立单独的农村集体经济组织，依旧借助行政职能完成发展集体经济的职能。

4. 土地流转以来的农村集体经济阶段（2010 年至今）

也就是产权制度改革时期。随着农村城镇化和工业化的发展，农村集体经济组织面临新

① 于雅璁、王崇敏：《农村集体经济组织：发展历程、检视与未来展望》，《农村经济》2020 年第 449 卷，第 3 期，10-18 页。

问题的现实选择[①]，集体组织成员身份确认，集体资产处置利益分配等问题随之而来，农民要求强化土地承包经营权的倾向越来越强烈，农村集体经济组织产权制度改革成为迫切需求。

2001年中共中央下发了《关于做好农户承包地使用权流转工作的通知》，指出农户流转土地使用权的相关条件及相关要求，为农村土地流转政策制定奠定了基础。

2002年通过的《中华人民共和国农村土地承包法》保障了农民长期土地使用权，奠定农村集体经济组织土地流转的法制基础。

2003年中共十六届三中全会通过的《中共中央关于完善社会主义市场经济体制若干问题的决定》指出："农村集体经济组织要推进制度创新，增强服务功能。"这是在土地流转基础上对农村集体经济组织的要求。随着社会主义市场经济的深入发展和郊区工业化、城镇化和农业产业化进程的加快，农村集体经济发展遇到许多新挑战[②]，深化农村集体经济组织产权改革成为解决问题的新途径。

党的十八大以来，以习近平同志为核心的党中央高度重视农村集体经济的发展，并出台了相关改革政策。

自中华人民共和国成立之后，我国农村集体经济经营形式不断变化。从最初的互相组再到如今的"三权分立"、农业产业化，经历了"统—分—统分各一"的发展过程，无不体现农村群众的智慧，更是我党不断解放思想的重要内容，寻求更适合的农业生产力水平和生产关系的探索，是发展新型农村集体经济的重要内容。

表 2-1　有关农村集体经济相关文件

时间	文件名称	发布机关
2004年10月20日	关于进一步加强农村集体经济组织财务公开和财务管理工作的通知	中华人民共和国农业部
2004年12月13日	财政部关于印发《农村集体经济组织新旧会计制度有关衔接问题的处理规定》的通知	财政部
2005年3月20日	关于加强农村集体经济组织征地补偿费监督管理指导工作的意见	中华人民共和国农业部
2007年10月20日	农业部关于稳步推进农村集体经济组织产权制度改革试点的指导意见	农业部
2008年2月20日	农业部办公厅关于印发《农村集体经济组织审计规定》的通知	农业部办公厅

① 《农村集体经济组织产权制度改革》课题组：《农村集体经济组织产权制度改革研究》，《调研世界》2005年第1期，16-19页。

② 戚本逊：《资产变股权　农民当股东——市农委主任李进山谈农村集体经济产权制度改革》，《前线》2004年第2期，41-43页。

续表 2-1

时间	文件名称	发布机关
2011 年 12 月 5 日	农村集体经济组织财务公开规定	农业农村部
2016 年 3 月 10 日	农业部办公厅关于提供农村集体经济组织注册登记预计数量的通知	农业部办公厅
2018 年 5 月 11 日	农业农村部、中国人民银行国家市场监督管理总局关于开展农村集体经济组织登记赋码工作的通知	农业农村部
2018 年 7 月 26 日	农业农村部、中国人民银行和国家市场监督管理总局联合印发《关于开展农村集体经济组织登记赋码工作的通知》	农业农村部
2018 年 10 月 22 日	农业农村部办公厅关于启用农村集体经济组织登记证有关事项的通知	农业农村部办公厅
2018 年 12 月 18 日	农村集体经济组织审计规定	农业部
2020 年 11 月 4 日	农业农村部关于印发《农村集体经济组织示范章程（试行）》的通知	农业农村部
2021 年 2 月 1 日	农业农村部关于印发《农村集体经济组织示范章程（试行）》的通知	农业农村部

资料来源：中国农业农村部官网。

五、农民专业合作社

（一）农民专业合作社的内涵

近代合作社是市场经济发展到一定的阶段的社会产物，是一种特殊的生产经营形式，是经济市场上分散的小农户为了抵御风险，在生产消费领域建立起来的一种经营性的互助组织。不同时期、不同国家对合作社均有不同的解释，追溯合作社的发展历史合作，法国是世界上最早建立农业合作社的国家，也是较早对农业合作社作定义的国家，他们认为农业合作社是经济组织的一种表现形式，农业合作社成员享有资产权，成员参与管理，共享利润。其形成了分配的最初形态，分配方式不是按他们原始投入资本的大小，而是通过使用的服务量和提供的业务活动的数量来分配盈余。美国农业部农场主合作管理局也对初形态的合作社提出了自己的理解，他们把合作社的定义为：合作社是具有法人地位的组织，是由拥有共同所有权的人们在非营利的基础上为提供他们自己所需要的服务而自愿联合起来的组织[①]。

① 孙亚范：《新型农民专业合作经济组织发展研究》，社会科学文献出版社，2006。

但是对于合作社最权威的定义，应该是国际合作社联盟给出的定义。1995年，国际合作社联盟在《关于合作社界定的声明》中给出了合作社的定义：合作社是人们自愿团结起来，通过共同拥有或民主控制的企业满足其共同的经济、社会和文化需要和愿望的一个自治协会。其原则有以下几点：①自愿和开放社员资格。②民主的社员控制。③社员经济参与。④自主和独立。⑤教育、培训和信息。⑥合作社之间相互合作。⑦关心社区。

农民专业合作社是参与成员基于自愿成立的贯穿民主理念，成员间相互协作，共享利益的新型农业经营主体[①]。我国对于农民专业合作社的解释，主要基于国际合作社联盟给出的合作社定义。

2006年，我国颁布的《中华人民共和国农民专业合作社法》指出，农民专业合作社是在农村家庭承包经营基础上，同类农产品的生产经营者或者同类农业生产经营服务的提供者、利用者，自愿联合、民主管理的互助性经济组织。主要服务对象是合作社成员，目的是为成员提供农业生产资料的购买，农产品的销售、加工、运输、贮藏等农业生产经营活动以及与农业生产经营有关的各种技术、信息服务等[②]。重点强调了"同类农产品生产经营者进行合作社联合或提供同类农业生产经营服务"。并提出农民专业合作社应当遵循下列原则：①合作社成员以农民群众为主体。②以服务本社成员为根本宗旨，谋求共同利益。③遵循自由、自愿原则。④合作社成员地位平等，共同管理。⑤盈余主要按照成员与农民专业合作社的交易量（额）比例返还。

2018年，新修订的《中华人民共和国农民专业合作社法》修改了农民专业合作社定义，指出农民专业合作社是在农村家庭承包经营基础上，农产品的生产经营者或者农业生产经营服务的提供者、利用者，自愿联合、民主管理的互助性经济组织。去除了"同类"二字，扩大了农业合作社的经营范围，使其可以涉及农业农村生产生活相关的各产业。

除了上述较为权威的定义，在对农民合作社研究过程中，学者高海从农民专业合作社的入社原则出发，提出农民专业合作社是允许农民入社自愿、退社自由，坚持以"一人一票"为主的民主管理、以惠顾返还为主且分配盈余的互助性经济组织[③]。无论是权威定义还是学术上的定义，都可以看出农民专业合作社是一个互助性的经济组织。

要全面理解农民专业合作社定义，还要注意区分其同农村集体经济组织之间的差异。从农村集体经济组织的定义出发，可以看出农村集体经济组织是基于土地集体所有的社会主义公有制的资源和资产的联合，而农民专业合作社主要是为对抗市场风险，基于市场经济中"弱者"的资金、技术或生产的联合[④]。

① 韩紫微：《解决农民专业合作社融资问题——理论分析与实践突破》，《农业经济》2021年第9期，109-110页。

② 《中华人民共和国农民专业合作社法》2006，12-17页。

③ 高海：《农村集体经济组织与农民专业合作社融合发展——以党支部领办合作社为例》，《南京农业大学学报（社会科学版）》2021年第5期，75-85页。

④ 饶静：《农村组织和乡村治理现代化》，中国农业大学出版社，2019，第100页。

（二）农民专业合作社的发展及基本特征

这里主要讲述的是我国农民专业合作社的发展历程，结合学界学者的研究，可以大致将我国农民专业合作社的发展历程分为三个时期：①自发起步时期。②引导发展时期。③规范发展时期。

1. 自发起步时期（20 世纪 80 年代中期—20 世纪 90 年代中期）

早在革命时期，毛泽东同志就在《湖南农民运动考察报告》中就指出合作社的重要性，提出“合作社，特别是消费、贩卖、信用三种合作社，的确是农民所需要的[①]”。

中华人民共和国成立前后，共同纲领发挥临时宪法作用，对合作社有更为全面的表述，认为合作社是鼓励和扶助广大劳动人民根据自愿原则，发展合作事业的组织。要在城镇和乡村中组织供销合作社、消费合作社、信用合作社、生产合作社和运输合作社，要在工厂、机关和学校中组织消费合作社。这是基于新中国发展实际状况提出来的，相较于毛泽东同志提出的“合作社”，此时的合作社功能更加全面，服务范围也更加广泛。但是此时的合作社同农民专业合作社还有所区别。

农民专业合作社开始自发起步是在 20 世纪 80 年代中期，在家庭联产承包责任制的实行以及政社分设的前提和基础上发展而来。在人民公社解体的前提下，一批以技术、信息服务为主的专业技术协会、专业技术研究会应运而生[②]。这是农民自发对农村经济发展的探索，同时也获得了国家的肯定与支持。

1984 年，中央一号文件首次提及发展专业合作的问题，这无疑是对农民探索发展的最大肯定。随着农产品流通体制改革，出于对进入市场的客观要求，一批专业协会开始为其组织成员提供仓储、运销等服务。

随着发展的逐渐深化，1993 年，中央一号文件中提道：“农村各类民办的专业技术协会（研究会），是农业社会化服务体系的一支新生力量。”更进一步肯定了农民专业合作组织[③]。

2. 引导发展时期（20 世纪 90 年代中后期—2006 年）

随着我国农产品由长期短缺转变为总量基本平衡，部分农产品出现结构性过剩的情况，在这样的背景下，农产品销售与农民收入增长缓慢问题随之出现。为解决这一问题，1993 年，国家开始出台相应文件引导农民建立专业合作社、农民专业协会。

其中 1994 年 1 月，由农业部、中国科学技术协会联合出台《关于加强对农民专业协会指导和扶持工作的通知》，提出专业农协有效地满足了农民致富的需要，增强了市场竞争力，要按照社会主义市场经济的客观需要，正确引导专业农协稳步发展。同年中共中央 国务院发出的《关于 1994 年农业和农村工作的意见》中指出，要扶持民办专业技术协会的健康发展。

---

① 毛泽东：《湖南农民运动考察报告》，人民出版社，2006。

② 丁爱梅：《浅析农民专业合作社的发展历程和重要意义》，《理论学刊》2012 年第 51 期，第 1 页。

③ 毕美家：《中国共产党领导合作社发展的百年历程和经验启示》，《中国农民合作社》2021 年第 7 期，8-12 页。

并提出抓紧制定《农民专业协会示范章程》要求，引导农民专业协会真正成为“民办、民管、民受益”的新型经济组织。进一步体现出国家对于农民专业组织的重视。

1995 年出台的《中共中央 国务院关于做好 1995 年农业和农村工作的意见》明确提出，要进一步深化改革，真正办成农民群众的合作经济组织。

1998 年出台的《中共中央关于农业和农村工作若干重大问题的决定》提出，要积极鼓励和大力支持发展多种形式的联合与合作。认为农民自主建立的各种专业合作社、专业协会以及其他形式的合作与联合组织，多数是以农民的劳动联合和资本联合为主的集体经济，有利于引导农民进入市场，完善农业社会化服务体系。

六、农村社会组织

（一）农村社会组织的内涵

《中华人民共和国民法典》第八十七条规定，社会组织属于非营利法人，即“为公益目的或者其他非营利目的成立，不向出资人、设立人或者会员分配所取得利润的法人”。我国社会组织主要有社会团体、基金会和民办非企业单位三类。总的来说，社会组织是介于政府和企业之间的社会团体，一般又称之为非政府组织、非营利部门或是民间组织①。而农村社会组织是指在基层职能部门帮助下，农民群体根据自身需求组织起来的具有社会性的民间组织②，农村社会组织的产生是为了促进农民之间的互助合作，增强农民间的凝聚力，为农民提供公益性服务的社会组织。农村社会组织参与乡村治理是乡村治理现代化的重要内容。刘瑜认为，农村社会组织是一种农民参与组织，是社会资本参与的重要组成部分，在乡村治理的过程中发挥着协同作用，是以公共事务治理为目标，在农村经济社会发挥服务、沟通、协调作用的一种以农民自我组织、自我管理与教育为特征的组织③。其中作为农村社会化服务组织，主要以农民为主要参与主体，为发展农业生产、改善农村生活以及维护农民合法权益提供有效服务④。作为社会组织另一表现形式之一的农村民间组织，是由农民自发组织或者是在政府的推动和支持下形成的民间团体，其主要参与的主体是农民，主要是为了更好地保障农民利益或完成社会保障功能，外在可以表现为农民经济合作组织，也可以是农民自治组织，但其绝不是国家机构的组成部分⑤。

综合以上观点可知农村社会组织基本特点有四点：

（1）民间性。即农村社会组织是完全中立的存在，不代表国家或者政府的立场。

---

① 钟宜：《我国农村社会组织发展与乡村治理方式的变革和完善》，《探索》2005 年第 6 期，97-100 页。

② 郝振荣：《乡村振兴战略背景下农村社会组织问题研究》，《中共南昌市委党校学报》2019 年第 17 卷，第 3 期，62-65 页。

③ 刘瑜：《农村社会组织：促进社会善治重要力量》，《人民论坛》2017 年第 8 期，60-61 页。

④ 李武：《农村社会化服务组织的合作机制研究》，博士学位论文，南昌大学理学院，2009。

⑤ 叶红心：《浅谈农村民间组织在新农村建设中的作用》，《河南农业》2010 年第 5 期，第 53 页。

（2）非营利性。农村社会组织不以营利为目的，其目的是维护农民权益，增加农民福祉。

（3）相对独立性。其拥有自己的组织机制和管理机制，独立于政府部门之外又协同参与乡村治理的组织。

（4）自愿性。参加公民社会组织的成员都不是强迫或是被迫，而是自愿参与，所以也叫志愿性组织。

（二）农村社会组织的分类

目前学术界沿用的农村社会组织分类主要分为三种：

1. 政治管理类民间组织

如村民委员会、共青团组织、妇代会、调解会等农村群众团体。这类组织和李熠煜提出的组织的第一类相似，它们是在政府的推动下产生的，这类组织的功能是政府职能的衍生拓展，具有一定的服务性质。

2. 经济互助合作类农村社会组织

这类组织是在政府的引导和扶持下，农民自发成立、自我管理、自我服务的新型社会组织。主要指各种专业性的农民合作经济组织，如农村专业经济协会和以农民合作社、家庭农场为代表的新型经营主体。这类社会组织近年来发展迅速，通过组织农户参与经济活动，提高了小农户的抗风险能力、增加了农户的收益、促进了农业生产力发展，这类组织逐步发展成构建农业现代化体系的中坚力量。对推动农业经营体制机制的改革完善，促进乡村生产关系变革和治理机制的优化等都有重要作用，是推进农业供给侧结构性改革的重要着力点和切入点。

3. 社会公共服务组织

如乡村剧院、老年协会、卫生所、留守儿童关爱组织等。随着乡村振兴战略的深入推进，我国农村社会愈发重视农村社会主义精神文化建设，这些服务型组织的发展对农民的精神文化生活产生着重要影响，它不仅能够提高农民的知识素质和文化修养，也有效推动了新农村乡风文明建设，有利于促进农村和谐人际关系的形成①。

也有部分学者从其他角度出发对其进行分类，如刘瑜将农村社会组织分为各类专业协会、生产互助组织、维权组织、民间纠纷调解组②。李熠煜则将其分为四类：①与政府关系密切的组织列入共青团组织、妇联等。②农村原始的团体，如庙会、乡会、宗教团体等。③新型的农村非政府组织，如农村公益组织和以农村合作社为代表的新型经营主体。④各种宗教组织③。

---

① 郭彩云：《农村民间组织与乡村治理研究》，硕士学位论文，中央民族大学管理学院，2012。

② 刘瑜：《农村社会组织：促进社会善治重要力量》，《人民论坛》2017 年第 8 期，60-61 页。

③ 李熠煜：《当代农村民间组织生长成因研究》，《人文杂志》2004 年第 1 期，162-169 页。

（三）农村社会组织的运行机制及职责

党在农村基层组织中处于核心地位，农村社会组织想要处于良好的运行状态，必须遵守相关法律的规定，依法摆正自己的位置、依法行使职权、认真履行责任和义务；农村社会组织通过参与民主决策就是参与涉及全体村民群众切身利益的事项中，使得村级民主决策的基本组织形式能更好地发挥作用；通过民主管理农村各项事务，维护乡村秩序，动员和支持村民群众依据相关的法律法规和具体情况制定农村自治章程和村规民约，共同参与到村中事务的管理中，约束规范自己的行为，使村民的自我管理、自我教育得以实现；通过民主监督政府行为，从而有益于农村治理体系的构建，有益于基层党组织健全相关的民主监督制度，使乡村治理步入法制化、制度化的轨道①。

（1）在运行过程中，农村社会组织作为中坚力量参与乡村治理体系的构建。①农村社会组织需对基层政府规章制度和相关信息进行有效的表达，让基层群众真正了解相关政策的含义，助力法规政策的推行。②农村社会组织需要收集基层群众意见，农村社会组织应贴近农民群众，才能获得更为真实的基层群众诉求，收集的信息也更为准确，有利于政府以及基层组织制定相应的措施，进行有效的决策。

（2）农村社会组织需整合农村资源，弥补政府职能的空缺。基于政府力量的有限，民间社会组织需凝聚社会资源，发动广大农民群众多元参与“共谋、共建、共管、共享”，协同共治弥补基层党组织、基层政府和村委会在治理过程中的不足。

（3）协同共治化解矛盾纠纷，促进社会和谐发展。积极参与乡村治理，化解农村矛盾纠纷，促进农村社会和谐有序发展。

（4）助力营造良好的乡风文明建设，促进基层文明建设。民间组织有强大的道德支撑力量能够产生强烈的价值共振效应。农村社会组织应该提炼内部价值用于凝聚人心，重塑农村集体价值观。

（执笔人：黄丽　赵丽　谭鑫）

① 任丽佳：《农村基层组织运行机制研究》，硕士学位论文，东北师范大学政党及群众组织，2013。

第三讲　政策之讲

第一节　乡村组织振兴之国家政策

一、《国家乡村振兴战略规划（2018—2022 年）》（以下简称《规划》）中组织振兴解读

（一）《规划》之组织振兴出台的背景及意义

1. 背景

乡村振兴战略是以习近平总书记为核心的党中央着眼于党和国家事业全局，深刻把握现代化建设规律和城乡关系变化特征，顺应亿万农民对美好生活的向往，对“三农”工作作出的重大决策部署，是决胜全面建成小康社会、全面建设社会主义现代化国家的重大历史任务，是新时代做好“三农”工作的总抓手。而组织振兴是乡村振兴的“第一工程”，是乡村振兴实现的保障。农村各类组织的振兴对于国家实现乡村振兴具有重要的意义，是国家推进农村政治经济发展的重要堡垒，是稳定农村社会发展的基石，是群众参与乡村治理的纽带。在脱贫攻坚时期，农村相关组织为我国的脱贫事业作出了巨大的贡献，成为国家政策方针宣传执行的重要助手，有效地为我国决胜全面建成小康社会提供了助力。

虽然目前我国已经全面完成了脱贫攻坚的任务，开启全面振兴的新征程，但我国农村社会中的相关组织仍然面临着诸多问题。例如，部分农村基层党组织软弱涣散，党员先锋模范作用发挥不显著，部分党员同志脱离群众，战斗堡垒作用发挥不完全；基层自治组织存在着明显的行政化倾向，自治能力亟待提升，自治制度仍待规范，村民诉求表达渠道有待增加；农村集体经济组织以及农民专业合作社等经济组织存在着带动能力弱，产业发展动力不足，创新能力不够，专业化、组织化、市场化程度不高；部分社会组织缺位乡村治理，参与协同治理流于形式，职能定位不清晰，组织建设不规范等问题亟待解决。各类组织的发展同乡村振兴的需求仍存在一定的差距。进入新发展阶段，全面推进乡村振兴，实现农业农村现代化，乡村治理面临的问题更加显著。制定印发《规划》，推进乡村组织振兴，打造充满活力、和谐有序的善治乡村，既是健全现代社会治理格局的固本之策，也是破解乡村振兴难题的现实需要。

2. 意义

《规划》以习近平总书记关于“三农”工作的重要论述为指导，贯彻党的十九大和十九大二中、三中、四中、五中全会精神，其中组织振兴部分的规划对于实现乡村振兴具有深远意义。

（1）有利于突出基层党组织的政治功能，提升基层党组织的组织力，为乡村振兴奠定坚实的战斗堡垒基础。

（2）有利于完善农村基层党组织队伍建设，提升农村基层党组织带头人队伍整体水平，强化党员队伍建设，为乡村振兴储备高质量人才，筑牢乡村振兴组织人才队伍防线。

（3）有利于强化党风廉政建设，为乡村振兴构建风清气正的政治环境，提升基层党组织的责任意识和服务意识。

（4）有利于加强农村群众性自治组织建设，深化村民自治实践，完善村民自治基础，发挥自治组织独特功能，助力乡村振兴实现。

（5）有利于推进基层政权组织构建简约高效的管理体制，完善农村基层服务体系，夯实乡村治理基础，提升组织运行保障能力，为乡村振兴奠定组织领导基础。

（二）《规划》中组织振兴部分的内容

《规划》关于组织方面提出：到2022年，以党组织为核心的农村基层组织建设明显加强，乡村治理能力进一步提升，现代乡村治理体系初步构建。同时提出：要引导农村集体经济组织挖掘土地、房屋、设施等资源和资产潜力……鼓励农业产业化龙头企业领办或是参办农民合作组织；加强农村基层党组织对乡村振兴的全面领导……从中可以看出对于组织振兴国家层面的要求是要以农村基层党组织为主线，要注重基层党组织的核心作用和发挥其战斗堡垒作用；强化队伍建设，注重发挥其模范作用，引导带领其他农村组织向上向好发展；完善基层组织制度建设，发挥基层党组织的管理作用。

（三）组织振兴对于乡村治理的重要性

乡村振兴中组织振兴是基础、是保障。习近平总书记指出，要推动乡村组织振兴，打造千千万万个坚强的农村基层党组织，培养千千万万名优秀的农村基层党组织书记，深化村民自治实践，发展农民合作经济组织，建立健全党委领导，政府负责，社会协同、公众参与、法治保障的现代乡村社会治理体制。

《规划》中对组织振兴的具体措施做了解释和说明，强调了在构建现代化治理体系的过程中，需要社会各界力量参与，大众参与有助于凝聚合理，形成强大支撑。同时不可忽视农民在乡村治理中的主体地位，如何调动起广大农民群众的积极性，使其参与到乡村治理中来，是一个值得长期探索的问题。乡村治理不是一个封闭的过程，需要社会各界的力量参与，凝聚各方力量。以党组织为核心带动辐射形成新的乡村治理格局，构建“三治融合”乡村治理体系是新时代乡村治理的重要内容，是国家治理体系和治理能力现代化的实践场域。

《规划》将健全现代乡村治理体系，夯实基层基础作为固本之策，建立健全党委领导、政府负责、社会协同、公众参与、法治保障的现代乡村社会治理体制，推动乡村组织振兴，打造充满活力、和谐有序的善治乡村写进乡村振兴战略规划，更加突出了组织建设对于乡村治理的重要性。

其中“党委领导”强调了农村基层党组织作为党在农村工作中的“第一工程”，是党和群众连接的“毛细血管”，是党联系群众的“最后一公里”。坚持党对农村工作的全面领导，充分体现的是党对乡村治理的核心领导和政治保障作用。

“政府负责”是国家履行乡村治理职能的应有之义。在乡村治理中，政府更应该发挥其在乡村治理中的职能作用，做好组织管理工作，建立健全组织保障制度，完善相应政策法规，创新改革机制，促进乡村治理。

“社会协同”是要充分认识其他各类社会组织对于乡村治理的重要性，要充分发挥群团组织、各类社会组织等在乡村治理中的重要作用。其积极参与乡村治理，提供公共服务，协同治理，有利的提升乡村治理效率。

从以上可以看出，完善各类组织参与乡村治理的体制机制建设，充分保障各组织参与乡村治理途径，为其参与乡村治理提供良好的政治环境和生态环境，能够提升乡村治理效率，促进乡村振兴。

（四）《规划》之组织振兴的具体举措

1. 提出加强农村基层党组织对乡村振兴的全面领导，要健全以党组织为核心的组织体系，加强农村基层党组织带头人队伍建设，加强农村党员队伍建设，强化农村基层党组织建设责任与保障，这是新发展阶段党对农村基层党组织建设提出的建设要求

党的十八大以来，全面从严治党成为党建设的主要基调。“全面”就是管全党、治全党，覆盖面要广，要面向全体党组织和党员，要面向社会各界，覆盖各行业和领域。习近平总书记在党的十九次全国代表大会中强调了党的基层组织是确保党的路线方针政策和决策部署贯彻落实的基础。健全以党组织为核心的组织体系是全面推进从严治党向基层延伸的重点任务，是确保党的路线方针政策和决策部署贯彻落实的基础，也是党的全部工作和战斗力的基础，必须始终坚持将党组织建设摆在首位、落到实处的具体路径。

习近平新时代中国特色社会主义思想强调了要坚持中国共产党的领导，坚持和发展中国特色社会主义。这一思想明确了中国特色社会主义最本质的特征和最大优势是中国共产党的领导，中国共产党是最高政治领导力量，更是农村工作的“主心骨”“火车头”，是党在农村的战斗堡垒，其领导其他各类组织开展农村工作，服务农村农民。因此，党组织的中心地位不能动摇，要始终坚持党的领导地位，构建以党的领导为核心，农村基层组织共同参与的现代化乡村治理格局和乡村治理组织体系。

党的十九大报告也明确强调要以提升组织力为重点，突出政治功能。把企业、农村、机关、学校、科研院所、街道社区、社会组织等组织联合起来参与乡村治理，把基层党组织建设成为宣传党的主张、贯彻党的决定、领导基层治理、团结动员群众、推动改革发展的坚强战斗堡垒。

习近平总书记在党的二十大中再次强调，坚持大抓基层的鲜明导向，抓党建促乡村振兴，加强城市社区党建工作，推进以党建引领基层治理，持续整顿软弱涣散基层党组织，把基层党组织建设成为有效实现党的领导的坚强战斗堡垒。这些都说明以党组织为核心的组织体系的重要性。

2021 年 5 月，中共中央办公厅印发的《关于向重点乡村持续选派驻村第一书记和工作队意见》中阐述了第一书记对整顿软弱涣散党组织发挥着重要作用，驻村第一书记原则上说也属于党组织带头人，因此，农村基层党组织带头人应该包括基层党委、党总支、党支部书记以及驻村第一书记。现阶段，我国的脱贫攻坚工作已经结束，在这过程中，基层党组织带头人对脱贫攻坚的贡献是十分显著的，涌现出一批先进典型，如黄文秀、毛相林、白晶莹、张小娟、姜仕坤等同志，他们带领群众脱贫致富，最终实现了全面脱贫。他们是我国脱贫攻坚“战场”上忘我的战士，同时他们都有一个共同的身份——中国共产党员。从他们的身上我们可以看出，一个良好的基层党组织带头人对于一个地方的发展具有重要的意义。乡村全面振兴阶段，也对农村基层党组织带头人提出了新的更高的要求，他们要在党中央的指挥下，在上级党组织的领导下，承担更多的工作任务，为乡村治理现代化贡献力量。因此，实施村党组织带头人整体优化提升行动、健全选拔机制、储备村级后备干部、建立第一书记选派长效机制具有重要作用。

党组织是党员结合在一起组成的先进组织，没有党员的党组织不是党组织，忽视农村党员队伍建设的党组织自然也不可能会是一个好的组织。在基层党组织建设的过程中，忽视党员在这其中的作用，不利于基层组织建设的开展。我国农村地区地域辽阔，部分偏远地区农村党组织软弱涣散问题仍然突出，农村党员难以发挥自身作用，农村基层党支部政治引领作用退化。究其原因有以下几点：

（1）对农村党员的培养教育工作力度不够，大多数农村党员干部缺乏相应的理论知识，难以理解新政策，很难参与到乡村治理的具体实践之中。部分农村党员干部思想意识、先锋意识淡化，群众反映比较强烈。

（2）农村党员的老龄化严重，部分党员能力不强，对新时代中国特色社会主义思想认识不够，思想懈怠，对村内、党内问题漠不关心，参与党务工作呈现疲软状态。党员的凝聚力、组织力、建设力、号召力作用逐步减弱。

乡村振兴是当前全国性、全局性的历史任务，其难度不亚于脱贫攻坚，必须汇聚力量，让更多农村党员发挥先锋模范作用，参与到乡村振兴的工作中尤为重要。因此，必须要加强党员队伍建设。做好农村基层党员的教育、管理、监督工作，教育党员用先进思想武装头脑；严格党的组织生活、落实“三会一课”等制度；注重农村流动党员管理和发挥党员作用；扩大党内民主，开展党务公开等，以此强化党员队伍建设。

党的十八大以来，我党不断开展党风廉政建设，全面从严治党取得显著成效。但我们还是要看到，当前仍然存在基层党员干部腐败现象和不正之风，部分党的基层组织战斗力下降，党群关系受到损害，农民群众的根本利益得不到保障等问题。乡村振兴阶段，面对这样的现实情况，我们需要强化农村基层党组织建设责任与保障，始终坚定推进全面从严治党。

（1）省、市、县党委要重视农村基层干部的腐败和作风问题，建立健全追责问责机制，建立目标责任清单。要强化党员干部责任意识，加强自身建设，坚持从严治党，把抓好农村基层党建工作作为基本工作职责，确保党的领导以及党在工作中始终处于总揽全局、协调各方的地位。

（2）乡镇党委要加强落实中央政策，做好“乡政”“村治”体制衔接工作，选好乡镇党委领导班子。集中力量做好乡镇党务，专职专岗专责，加大力度抓党务，积极开展党风廉政建设，完善强化责任机制。

（3）完善基层工作人员保障制度。提高基层工作人员工资待遇，健全基本保障制度。地方财政部门做好财政预算，增加政策补贴。关心关爱农村基层干部，工作上给予更多的激励、支持，生活上给予更多关怀，待遇上给予更多保障，心理上给予更多关怀。

2. 提出促进自治、法治、德治有机结合，深化村民自治实践，推进乡村法治建设，提升乡村德治水平，建设平安乡村等措施。这是构建我国乡村治理体系和治理能力现代化的重要措施方法，也是促进乡村组织振兴的良好措施

在解读之前，我们首先要了解“阳光工程”“枫桥经验”“雪亮工程”几个概念：

（1）“阳光工程”：是指政务公开。政务公开被喻作“阳光工程”，推行“阳光工程”最重要的是通过政务公开，让村民参与到乡村治理中，让村民明晰基层党组织、基层政府的工作内容，同时起到监督的作用。这一举措是保障村民权力的一大表现，是获得群众支持的重要方式方法，同时也是政务公开的生命力所在。政务公开的核心就是群众关注的、反映的热点和难点问题①。发展中国特色社会主义民主政治要求中国共产党“科学执政、民主执政、依法执政”，当前时期，面对复杂多变的国际环境，要求发展社会主义民主政治，而科学执政的基本前提是阳光执政②。

（2）“枫桥经验”：浙江省诸暨枫桥的干部群众依靠群众创造性的发展，坚持矛盾不上交，就地解决矛盾纠纷的治理模式被称作“枫桥经验”。其内涵是在党的领导下，实现将治理目

① 赵素江：《“阳光工程”应有“阳光心态”》，《中国医药报》2011 年 8 月 15 日，第 4 期。

② 胡伟：《坚持科学执政、民主执政、依法执政——兼论我国社会主义民主政治建设问题》，《理论与改革》2020 年第 2 期，150-159 页。

标不断下沉，构建“三治融合”体系的治理思路。习近平总书记在党的十九届四中全会上重申，中国特色社会主义现代化建设已经进入新时代、新征程，要创新和发展基层社会治理经验，实现“枫桥经验”的创新和升华①。

（3）“雪亮工程”：即公共安全视频监控建设联网应用，是以县、乡、村三级综治中心为指挥平台、以综治信息化为支撑、以网格化管理为基础、以公共安全视频监控联网应用为重点的“群众性治安防控工程”，喻义“群众的眼睛是雪亮的”。它以“全域覆盖、全网共享、全时可用、全程可控”为总目标，推动重点公共区域、重点行业、领域的视频监控系统建设，指导、监督治安保卫重点单位公共安全视频监控系统建设。总的来说，就是运用现代化网络信息设备，实现农村监控视频全覆盖。“雪亮工程”对维护社会安定起到非常大的作用，通过网格化管理，减少监控死角，不仅有利于交通安全监控管理，更是提高了农村办事执法效率，维持农村社会安定和谐②。

这三个概念在乡村治理中有着极其重要的作用。自治、法治、德治是推动乡村治理格局良性运转的不同治理方式③。三者的有机结合是乡村治理功能的互补，既是新发展时期乡村社会转型的必然选择，也是乡村振兴的内在要求。

深化村民自治实践，首要是要加强农村群众性自治组织建设。农村群众性自治组织是群众自我管理、自我服务、自我监督的主要组织，其良好健康发展对于群众充分行使权利，参与乡村治理具有重要意义。在我国的农村社会中，农民群众是参与乡村治理的关键环节，农村群众自治组织是人民群众切实行使自身权利的重要组织，强化自治组织建设有利于全面充分发挥农民的主体地位，切实保护群众民主自治的权利。

从以上可以看出农村群众性自治组织具有重要的作用，是我党推进乡村振兴的重要组织架构。因此，在乡村振兴阶段，更要充分认识农村群众性自治组织的地位，紧紧围绕村民自治目标构建党委领导、政府负责、民主协商、社会协同、公众参与、法制保障、科技支撑的社会治理体系，健全民主决策机制，规范基层规章制度，维护农民群众的决策权与参与权。完善基层党组织管理监督机制，建立村务监督委员会，实施“阳光工程”，做好监督和监管，以村民小组、党群组织、自然村为基本单位开展村民自治试点，发挥村规民约的积极作用，通过多种方式实现乡村治理的协同效应、整体效应。鼓励支持村民依法参与进乡村治理的具体事务之中，激发乡村活力，促进政府治理和社会自我调节同居民自治之间的良性互动。

推进乡村法治建设，从我国的法治建设历程中可以知道，我国的法治建设是从中国共产党建党之初就有的，法治建设在中国的发展历程久远。

---

① 宋美贤：《“枫桥经验”与基层社会治理现代化》硕士学位论文，山东大学法律（非法学），2020。

② 黄波、杨安、陈琳、赵菡：《基层社会治理体系和治理能力现代化——大数据与“雪亮工程”机遇、挑战》，《中国公共安全》2018 年第 8 期，149-159 页。

③ 冯留建、王宇凤：《健全自治、法治、德治相结合的乡村治理体系》，《中国高校社会科学》2021 年第 4 期，64-72 页，第 160 页。

从1921年《中国共产党第一个纲领》的通过到1949年《中国人民政治协商会议共同纲领》的问世。

从1950年中华人民共和国第一部《中华人民共和国婚姻法》的出台到1954年中华人民共和国第一部《中华人民共和国宪法》的通过，都可见中国共产党领导人民进行法治建设的探索历程。

1999年，第九届全国人大二次会议通过宪法修正案，将“依法治国，建设社会主义法治国家”纳入宪法。至此，依法治国成为我国的基本方略，建设社会主义法治国家成为我国的重要目标之一。

2002年，党的十六大报告中提出“依法执政”，我党开启了依法治国与依法执政有机结合的治国理政新境界。

2004年，通过《全面推进依法行政实施纲要》明确提出法治政府建设目标。

2011年，一个适应我国国情和建设需要的法律体系已经基本形成，为我国法治建设奠定了坚实基础。

2014年，党的十八届四中全会通过了《中共中央关于全面推进依法治国若干重大问题的决定》，这是我党历史上第一次专题研究、专门部署全面依法治国的中央全会。

至此，全面依法治国理念在我国形成了从上至下的统一认识，我国开启了全面依法治国的建设历程。乡村法治建设作为国家法治建设中的重要环节，作为乡村治理体系和治理能力现代化中的重要节点，在乡村振兴阶段，一定程度上代表了国家法治建设的水平。建设法治乡村作为法治建设目标在2018年中央一号文件《中共中央国务院关于实施乡村振兴战略的意见》（以下简称《意见》）中首次提出，这更加明确了“法治乡村”建设的重要性，也更加强调了“法治乡村”是构建现代化治理体系的关键。《意见》提出推进乡村法治建设，是从长远上谋划我国乡村振兴阶段农村法治建设。具体而言从三点出发：

（1）坚持以社会主义核心价值观为引领，着力推进乡村依法治理，教育引导农村干部群众办事依法、遇事找法、解决问题用法、化解矛盾靠法。走出一条符合中国国情、体现新时代特征的中国特色社会主义法治乡村之路，为全面依法治国奠定坚实基础。

（2）不断强化农村法治工作、坚持法治精神。法治作为农村良好发展的保障，深入推进综合行政执法改革向基层延伸，要引导干部群众遵纪守法、学法用法，增强干部群体的法制观念，提高村干部依法办事的能力。

（3）坚持以人为本，加大法治宣传力度。加强乡村普法教育，引导村民尊法学法，增强农民的法律意识，让农民尊崇法律，深刻意识到家庭纠纷、邻里纠纷都可以依靠法律手段来解决，成立农村法律援助小组，真正维护农民利益。

在我国的乡村治理历史上，德治始终都是乡村治理的主要方式之一，在乡村社会的和谐稳定发展方面发挥了重要的作用。现代社会，乡村治理也同样离不开德治的助力，其是法治建设的辅助工具，是自治、法治的补充，具有不可替代的作用。因此，要加大力度，提升乡村德治水平。关于提升乡村德治水平，《意见》作出了较为全面的规划。提出深入挖掘乡村熟人社会蕴含的道德规范，结合时代要求进行创新，强化道德教化作用，引导农民向上向善、孝老爱亲、重义守信、勤俭持家。建立道德激励约束机制，引导农民自我管理、自我教育、自我服务、自我提高，实现家庭和睦、邻里和谐、干群融洽。积极发挥新乡贤的作用。深入推进移风易俗，开展专项文明行动，遏制大操大办、相互攀比、“天价彩礼”、厚葬薄养等陈规陋习。加强无神论宣传教育，抵制封建迷信活动。深化农村殡葬改革等。以上这些规划从我国的社会特点出发，把握了我国乡村特性，汲取了我国乡村治理的经验，与时俱进提出了新的要求，并将传统的社会道德理念和社会价值追求融入乡村治理体系中，强化了乡村组织基础，为乡村治理乃至乡村振兴提供了有力助力。

平安是非常重要的民生问题，是农村社会和谐的表现，同时也是老百姓解决温饱的第一基础，没有平安的社会环境作为基础，群众的生产生活便得不到保障。当下乡村振兴阶段，平安乡村建设机遇与挑战并存。我国农村地区地域辽阔，社会矛盾较多，容易发生矛盾纠纷，在乡村振兴推进的过程中，无处不存在着平安问题。如何保障农民群众的合法权益，如何保障农民群众的财产安全，如何保证农民群众的生命安全和身体健康等一系列问题是农民群众最关心的，只有把农民群众关心的问题解决好，才能真正意义上的提高农民群众的幸福感、安全感，为农业强、农村美、农民富的目标及乡村振兴的实现奠定基础。《规划》中对平安乡村建设作了很多规定，总体来说，具体路径有：

（1）坚持党的领导。①平安乡村建设是一项基础性的工作，农村基层党组织作为乡村治理的核心，必须要肩负起建设法治乡村的责任，健全落实社会治安综合治理领导责任制，建立健全农村社会治安防控体系，加强农村群防群治队伍建设。基层党组织要将平安乡村工作理念融入日常的工作中，要设立专职机构、专职人员推进平安乡村建设。②平安乡村建设要坚持目标导向，要以解决农民的问题为重点，立足于农民群众的所思所想，把阻碍新农村建设的“绊脚石”剔除，深入开展扫黑除恶专项斗争，依法打击农村非法宗教、邪教活动，整治农村宗教乱建、乱塑问题，让广大农民群众享受到平安之乐、平安之福，共建和谐幸福的平安农村。

（2）坚持共建、共享原则。地方党委、机关单位、社会组织、农民群众，基层干部等都是平安乡村的建设者，也是享受者，要将平安乡村的理念扩散到乡村的每一个角落。坚持统筹兼顾、系统治理。加强法治宣传力度，积极开展普法教育活动。坚持新时代“枫桥经验”，健全农村公共安全体系，持续开展农村安全隐患整治，遏制重特大安全事故，建立健全矛盾纠纷多元化解机制，加大力度排查化解各类矛盾。

（3）科技赋能。将科技元素融入乡村治理，形成智慧化、网络化、网格化的乡村治理体系，扩大农村监控设备的覆盖面积，推动“雪亮工程”全方面覆盖，推进基层安防工程，做好群防群控、整村联动、联防联治的基础工作。

通过《规划》中关于建设平安乡村的规划，可以看出乡村振兴阶段平安乡村建设对于乡村治理的重要性，通过这些方式方法能够为组织振兴塑造一个较为健康的社会环境。

二、《中华人民共和国乡村振兴促进法》（以下简称《促进法》）中组织振兴解读

（一）《促进法》制定背景及意义

1. 背景

党的十九大以来，党中央针对“三农”问题制定了一系列政策方针，发布中央一号文件和乡村振兴规划战略，并召开了全国农业农村会议，诸多举措表明党中央把推进农业农村现代化摆到现代化建设更为重要的位置。2018 年中央一号文件提出抓紧制定乡村振兴法，2021 年 6 月 1 日，《促进法》开始实施，新法的颁布使得乡村振兴进入全新时代。而与农村相关的法律，在此之前也有很多，如《中华人民共和国农业法》《中华人民共和国农村土地承包法》《中华人民共和国土地管理法》《中华人民共和国村民委员会组织法》等多部涉农法律，但是缺少促进乡村振兴的专门集中统一规定的法律。党和国家综合考虑各方因素制定了《促进法》，《促进法》以“促进”为主要落脚点，重点在各种扶持政策上，同时也对实际开展基层治理活动中的一系列行为作了限制性规定，是和农民联系非常紧密的法律。

2. 意义

（1）《促进法》是全面实施乡村振兴战略的综合性、基础性文件，是党管农村这一主要原则转化为法律原则和具体制度的具体表现。农村发展一直是我国经济社会发展建设的短板，通过《促进法》的调整，对组织建设提出了具体要求，基层农村党组织要不断创新基层治理模式，提高自身组织动员能力，积极引导农村群众组织参与集体性、公益性生产活动。

（2）《促进法》是第一部为乡村振兴命名的法律，全面规定了乡村五大振兴的一系列权利和义务，同时明确了相关的扶持措施和监督检查制度。在乡村振兴推进的过程中，建立了相应的考核评价制度、工作年度报告制度以及监督检查制度，明确基层人员工作目标。

（3）《促进法》的出台意味着关于乡村振兴重大战略的政策部署进入法治化的轨道。①制定《促进法》，是贯彻落实党中央决策部署，保障乡村振兴战略全面实施的重要举措；是立足新发展阶段，推动实现“两个一百年”奋斗目标的重要支撑；是充分总结“三农”法治实践，完善和发展中国特色“三农”法律体系的重要成果。②制定出台《促进法》，为全面实施乡村振兴战略提供有力的法治保障，对于促进农业全面升级、农村全面进步、农民全面发展，全面建设社会主义现代化国家，实现中华民族伟大复兴中国梦，具有重要意义。

（二）《促进法》中组织振兴的具体内容

《促进法》中关于组织建设部分提出的要求是：“建立健全党委领导、政府负责、民主协调、社会协同、公众参与、法治保障、科技支撑的现代乡村社会治理体制和自治、法治、德治相结合的乡村社会治理体系，建设充满活力、和谐有序的善治乡村。”从这段话中可以看出，其同《国家乡村振兴战略规划（2018—2022 年）》中组织振兴部分的要求有着相似之处，都强调了“建立健全党委领导、政府负责、民主协调、社会协同、公众参与、法治保障

的现代乡村社会治理体制”，只是在《促进法》中，还强调了科技支撑，以及自治、法治、德治相结合的乡村社会治理体系。这主要是基于现阶段我国社会发展的具体实际以及乡村社会发展的特点提出的要求。

现代社会是科技迅速发展的社会，互联网技术的发展渗入我们生活中的方方面面，给乡村治理带来了诸多便利，同时也给乡村治理带来了一定的挑战；农业科学技术的发展为乡村农业产业的发展带来新的发展方向，提高农业生产效率的同时还能节约资源。科学技术的迅速发展使得乡村地区既面临着机遇也面临着挑战，但总体来说，未来乡村一定是科学技术应用的前沿阵地，是推进科学技术革新的舞台，未来乡村社会的发展离不开科技的支撑。基于这样的现实背景，国家提出了“科技支撑”这一要求，可以看出未来在乡村社会治理中，科技一定是其中重要的一环，平安乡村建设中“雪亮工程”就是最好的证明。

该法还明确提出要建立健全自治、法治、德治相结合的乡村社会治理体系，建设充满活力、和谐有序的善治乡村。其中建立健全“三治结合”的乡村治理体系是乡村振兴的保障，而最终要实现的是善治乡村的目的。自治、德治、法治相结合的乡村治理体系，是乡村治理体系和治理能力现代化的主要内容，同时也是乡村地区构建共建、共治、共享社会治理体系的主要方法和途径。

作为“三治结合”主要要素之一的自治，是“三治结合”“三治融合”的核心。在我国，乡村是最基本的治理单元，是发挥基层民主和提供基本公共服务的关键场所。实现基层民主主要的方式之一就是实行基层群众自治制度，以村民委员会统管农村基层事务，向上同基层政府联系，向下倾听民众诉求，是群众自我管理、自我服务、自我教育的群众性自治组织，是群众同政府之间的桥梁，涉及乡村所有人员，是“三治结合”的核心。

法治是“三治结合”的根本保障，法治作为国家意志的体现，是自上而下的“硬治理”。国家的一切治理都必须在法律框架内进行，可以说法律是最低的边界线，不能逾越，只有坚守法律底线，严格执法，才能从根本上保障乡村社会公平，为乡村治理体系的构建奠定基础。

德治作为“三治结合”的基础，是自治和法治的营养来源。习近平总书记在党的十九大报告中提出，要坚持依法治国与以德治国相结合；在党的二十大报告中提出：“提高全社会文明程度，实施公民道德建设工程，弘扬中华传统美德，加强家庭家教家风建设，推动明大德、守公德、严私德，提高人民道德水准和文明素养[①]。”在我国的社会治理中，德治具有深远的历史历程，从古至今德治都发挥了重要的作用，其是我国乡村治理的养分来源，成为我国现阶段的乡村治理体系的基础，在调整社会关系上德治比法治更具有广泛性。如果说法治是“硬治理”，那德治就是“软治理”，在利用文化参与乡村治理上，德治具有得天独厚的优势，也更利于在乡村治理上取得成效，是乡村治理体系的辅助工具。

而要建设充满活力、和谐有序的善治乡村，“三治结合”必不可少，“三治”的有机结

① 习近平：《高举中国特色社会主义伟大旗帜 为全面建设社会主义现代化国家而团结奋斗》，在中国共产党第二十次全国代表大会上的报告。

合是实现乡村治理有效，实现乡村善治的关键环节和手段。“三治结合”不是简单地相加，各行其道，而是三者有机协同，以自治为根本，法治和德治贯穿其中的一种动态的、互补的、灵活的、包容的治理模式。我国乡村振兴的实现离不开“三治结合”的乡村治理体系，也离不开党委领导、政府负责、民主协调、社会协同、公众参与、法治保障、科技支撑的现代乡村社会治理体制。只有抓好每个环节，乡村振兴才能顺利实现。

（三）《促进法》之组织建设的主要内容和具体举措

组织建设部分共有九条内容，主要介绍了农村各组织的具体分工和负责内容。这一章同前面的产业发展、人才支撑、文化繁荣、生态保护共同为乡村振兴的各个方面提供全面法治保障。

为实现乡村善治的目的，《促进法》从组织建设方面对基层政府和农村基层组织提出相关的要求：

（1）基层政府方面强调要强化乡镇人民政府社会管理和服务能力建设，将乡镇建成乡村治理中心、农村服务中心、乡村经济中心。

（2）对于党的农村基层组织，党组织要发挥引领作用，领导村民委员会、农村集体经济组织等发挥作用，领导发展经济，维护群众利益，接受群众监督。

（3）国家建立健全农业农村工作干部队伍的培养、配备、使用、管理机制，选拔优秀干部充实农业农村工作干部队伍，提升干部队伍能力水平，落实待遇保障，建设一支懂农业、爱农村、爱农民的农业农村工作干部队伍。

（4）地方各级人民政府应当构建简约高效的基层管理体制，科学设置乡镇机构，加强乡村干部培训，健全农村基层服务体系，夯实乡村治理基础。

（5）规范化、制度化建设农村基层群众性自治组织，健全村民委员会民主决策机制和村务公开制度，增强村民自我管理、自我教育、自我服务、自我监督的能力。

（6）农村集体经济组织要发挥依法管理集体资产、合理开发集体资源、服务集体成员等方面的作用，保障农村集体经济组织的独立运营。县级以上地方人民政府应当支持发展农民专业合作社、家庭农场、农业企业等多种经营主体，健全农业农村社会化服务体系。

（7）加强基层群团组织建设，支持、规范和引导农村社会组织发展，发挥基层群团组织、农村社会组织团结群众、联系群众、服务群众等方面的作用。

（8）加强基层执法队伍建设，鼓励根据需要设立法律顾问和公职律师，在村民委员会建立公共法律服务工作室，深入开展法治宣传教育和人民调解工作，健全乡村矛盾纠纷调处化解机制，推进法治乡村建设。

（9）健全农村社会治安防控体系，加强农村警务工作，推动平安乡村建设；健全农村公共安全体系，强化农村公共卫生、安全生产、防灾减灾救灾、应急救援、应急广播、食品、药品、交通、消防等安全管理责任。

（四）《促进法》在坚持农民主体地位方面的规定和体现

实施乡村振兴战略是一篇大文章，要充分尊重农民意愿，调动农民积极性、主动性、创造性。在实施乡村振兴战略应遵循的基本原则中，强调要坚持农民主体地位，保障农民民主权利和其他合法权益，维护农民根本利益。

在促进产业发展和农民增收方面，规定了发展壮大集体经济、促进乡村产业发展的一系列举措。要求各级人民政府建立健全有利于农民收入稳定增长的机制，保障成员从集体经营收入中获得收益分配的权利。

在乡村治理方面，完善农村基层群众自治制度，健全村民委员会民主决策机制和村务公开制度，完善乡村治理体系，建设充满活力、和谐有序的善治乡村。

在公共服务方面，提出实现基本公共服务均等化的明确要求，从传承和发展乡村优秀传统文化，加强基础教育和公共卫生服务保障，培养高素质农民，统筹规划、建设公共基础设施，发展农村社会事业等各方面提出具体举措。

在社会保障方面，完善城乡统筹的社会保障制度，确保城乡居民基本养老保险待遇随经济社会发展逐步提高；加强对农村留守儿童、妇女和空巢老人及残疾人、困境儿童的关爱服务；保障进城落户农民和农民工的合法权益。

在乡村建设方面，加强农村住房建设管理和服务，严格禁止违法占用耕地建房；严格规范村庄撤并，严禁违背农民意愿、违反法定程序撤并村庄；加强乡村生态保护和修复，采取措施加强农业面源污染治理，持续改善农村人居环境。

第二节　乡村组织振兴之云南政策

一、《云南省乡村振兴战略规划（2018—2022年）》（以下简称《规划》）中组织振兴解读

1.《规划》出台的背景及意义

（1）背景：党的十九大报告提出实施乡村振兴战略，并将其写入中国共产党党章，这在我国农业农村发展历史上具有划时代的里程碑意义。是党中央着眼于党和国家全局，站在历史维度，深刻把握现代化发展规律和变化特点作出的重大部署；是决胜全面建成小康社会，全面建设社会主义现代化国家的重大历史任务；是中国特色社会主义进入新时代做好“三农”

工作的总抓手。为此国家制定了《国家乡村振兴战略规划（2018—2022 年）》。于云南省而言，乡村振兴是云南省人民的期盼，是云南省面临的重大历史机遇和时代命题，是云南省必须且一定要完成好的时代答卷。为谱写好云南省乡村振兴篇章，云南省在《国家乡村振兴战略规划（2018—2022 年）》的基础上制定了《规划》。

（2）意义：乡村兴则云南兴，乡村旺则云南富，乡村美则云南美。云南省乡村地域辽阔，地域民族文化独特，实施乡村振兴对于云南省来说具有重要的现实意义。

①实施乡村振兴战略，是云南省“三农”工作的总抓手。进入新发展时期，我国的社会矛盾转化成为人民日益增长的美好生活需要同不平衡、不充分的发展之间的矛盾。对于云南省来说这个不平衡、不充分的发展问题则更加的突出，城乡发展不平衡，农村发展不充分始终是制约云南省高速高质发展的核心问题。在这样的现实情况下，云南省必须抓住乡村振兴战略这样一个关键节点，将乡村振兴战略作为云南省新时代做好“三农”工作的总抓手，补齐短板，夯实基础，推进乡村全面振兴。

②实施乡村振兴战略是谱写好中国梦云南篇章的现实要求。对于云南省来说，建成小康社会，“三农”始终是其短板；要实现乡村振兴，“三农”又是其最深厚的潜力所在；而最终实现现代化强省目标，“三农”是其最重要的基础。为实现云南省同全国同步实现“两个一百年”奋斗目标，云南省要将乡村振兴战略作为跨越式发展的重要支撑基础，谱写好云南篇章。

③作为乡村振兴之一的组织振兴，在云南省乡村振兴中具有举足轻重的地位，是云南省乡村振兴的保障，也是乡村振兴的第一工程。基础不牢，地动山摇，而组织对于乡村振兴来说就是具有这样的作用。实现组织振兴是云南省推进乡村振兴的根本保障，是夯实基层基础的固本之策。而基层党组织是乡村振兴的“头羊”，“农村强不强，关键看‘头羊’”。《规划》中关于组织振兴的要求，充分地体现出组织振兴对于农村发展、乡村振兴的重要性和关键性。

2.《规划》组织振兴部分的总体要求

《规划》提出：“把夯实基层基础作为固本之策，建立健全党委领导、政府负责、社会协同、公众参与、法治保障的现代乡村社会治理体制。坚持自治、法治、德治相结合，打造共建共治共享的云南省乡村善治格局，确保乡村社会充满活力、和谐有序、民族团结。”组织就是为各组织构建协同治理的乡村治理格局提供组织保障，其内化于乡村社会治理体系建设中。

《规划》中就组织振兴提出了要求：“把夯实基层基础作为固本之策，建立健全党委领导、政府负责、社会协同、公众参与、法治保障的现代乡村社会治理体制。”这同《国家乡村振兴战略规划（2018—2022 年）》保持一致；不同点在于一个是从国家层面提出，一个是从省级层面提出，但是其目的都是一致的，都是打造乡村治理新格局。同时云南省还要求在构建现代乡村治理体系的过程中坚持自治、法治、德治相结合，打造共建、共治、共享的云南乡村善治格局。自治、法治、德治相结合的乡村治理体系，是实现乡村治理善治格局的重要模式。

现阶段，云南省尚未健全“三治融合”机制，简单的“三治”相加并不是“三治融合”。

当前已有的“三治结合”模式更多是由政府主导，自上而下式的治理模式，部分农村地区不可避免地存在行政化倾向，缺少主动性，群众参与积极性受到打击，“三治结合”并未实现真正结合。而基层干部缺乏法治思维，依法治理能力弱化，乡村法治体系建设滞后，群众法律意识缺乏，加之随着经济社会发展，农村地区传统社会文化和习俗受到冲击，原有的公序良俗和社会价值观念等日趋“模糊化”等，使得农村地区法治、德治也不同程度地受到挑战，乡村治理难度增大，乡村善治格局尚未形成。

基于云南省乡村治理面临的治理现状，云南省提出要坚持自治、法治、德治相结合，打造共建、共治、共享的云南乡村善治格局，这同国家的顶层设计高度契合。“三治融合”其源于基层社会治理实践，符合我国的治理逻辑，是新时代推进乡村治理体系和治理能力现代化的必然选择①，也成为云南省健全乡村治理体系，打造乡村善治格局的主要方式。无论是建立健全现代乡村社会治理体制，抑或是打造云南省乡村善治格局，这一切的最终目的都是为了确保云南省乡村社会充满活力、和谐有序、民族团结。

3.《规划》之组织振兴的具体举措

《规划》在第八章构建现代乡村治理体系中提出了 3 大点 12 小点举措。①以农村基层党组织为主线核心，健全组织体系，加强带头人队伍和党员队伍建设，强化责任与保障等加强农村基层党组织建设。②通过创新村民自治机制，推进乡村法治建设，提升乡村德治水平，建设平安乡村，建设民族团结进步示范乡村等促进自治、法治、德治有机结合。③加强基层政权建设，创新基层管理体制机制，健全农村基层服务体系夯实基层政权。

（1）加强农村基层党组织建设。基于国家乡村振兴提出的要求，云南省结合本省实际提出以农村基层党组织建设为主线，树立“一切工作到支部”的鲜明导向，以党支部规范化建设为抓手。云南省充分地认识到农村基层党组织的重要性，其是我党在农村工作中的战斗堡垒，对于农村工作的开展具有鲜明意义。

云南省作为边疆省份，同时也是少数民族众多的省份，其乡村治理难度大于其他省份，坚持“一切工作到支部”，织密了云南省乡村治理网格，筑牢了云南省乡村治理基础，提升基层党组织治理能力，助力云南省发挥地理优势、资源优势，促进民族发展，助推云南乡村振兴。其具体措施为：

①健全组织体系。完善基层组织架构，推行“党支部+”，创新组织设置。坚持党的主体地位，强化党建工作，推行农村党支部书记担任重要组织负责人，推行村“两委”交叉任职，并对村务监督委员会、村民委员会、村民小组长等都提出相应建议。

②加强带头人队伍建设。云南省特色的乡村治理之路需要有能力的干部群体和专业化农村基层党组织带头人队伍。一方面，以农村“领头雁”培养工程为抓手，强化乡镇领导班子和干部队伍建设，注重选拔党性原则强、熟悉农村情况、善抓党建又懂经济的乡镇干部。同

① 左停、李卓：《自治、法治和德治“三治融合”：构建乡村有效治理的新格局》，《云南社会科学》2019 年第 3 期，49-54 页，第 186 页。

时加大人才选拔力度，“引留”优秀人才。另一方面，调整优化村党组织书记，从中择优选拔进入乡镇，同时增加培育渠道，注重从选派的驻村干部、大学生村官和致富带头人当中，把政治素质过硬、综合本领较强的高素质人群吸纳到基层领导班子队伍中来。

③加强党员建设。基层党组织建设中党员管理是重要的一环。要严格标准程序，把政治标准放在首位，加大在青年农民、致富能手、外出务工人员、妇女中发展政治品质过硬的党员。开展党员常态化教育，如坚持“两学一做”“不忘初心、牢记使命”等专题教育，持续开展“百名讲师上讲台”“千堂党课下基层”“万名党员进党校”等活动，强化党员教育管理。同时坚持严格党的组织生活，全面落实“三会一课”等制度，强化党员管理工作，发挥党员先锋模范作用等党员队伍建设。

④强化责任与保障。坚持从严治党向基层延伸，定目标，抓考核，落实各主体责任。持续推进党支部规范化建设达标创建，加强农村基层党风廉政建设，强化农村基层干部和党员的日常教育管理监督，整体提升农村基层党建质量水平，推动全面从严治党向纵深发展、向基层延伸。

（2）促进自治、法治、德治的有机结合。云南省提出要坚持自治为基、法治为本、德治为先，推动乡村社会治理和服务重心向基层下移，以自治消化矛盾，以法治定分止争，以德治春风化雨的乡村治理模式。具体措施是：

①创新村民自治机制。通过健全村党组织领导的基层自治机制。完善村民选举制度，提升村民民主选举、协商、决策、管理、监督能力。加大力度创新村民群众议事形式，健全基层议事制度，保障落实群众决策权和知情权。在选举工作上，完善相关程序，规范自治组织选举相关工作。对于构建共建、共治、共享的乡村社会治理格局，通过依托现有的村民会议、村民代表会议等形式，形成民事民议、民事民办、民事民管的多层次基层协商格局。规范村务程序，实行村务公开。健全村务监督委员会职能权限，细化职责、明确监督内容及工作方式，为村级事务“阳光工程”的推进奠定基础。创新自治试点形式，以村民小组或自然村为基本单元开展村民自治试点工作等，创新村民自治机制。

②推进乡村法治建设。加大宣传力度，积极开展“法律进乡村”宣传教育活动，提升干部群众法治素养，增强干部群众法治观念、法治意识，营造尊法、学法、守法、用法社会环境。对于行政执法，各地应大力改革综合行政执法，规范执法行为，同时创新监管方式，整合执法队伍，推动力量下沉，建立健全综合执法平台，加强执法监督。对于矛盾纠纷调解，通过规范化建设人民调解室，完善纠纷调处化解机制，提升矛盾纠纷调解率。在以上措施的基础上同时推进落实“一村（居）一法律顾问”制度，完善法律援助、司法救助和公益法律服务体系建设，并在农村中用好“12348”公共法律服务热线平台。

③提升乡村德治水平。作为少数民族最多省份之一的云南省，其具有深厚的传统文化底蕴，在提升乡村德治水平的过程中，通过挖掘自身文化中蕴含的道德底蕴，并将其运用于完善村规民约、居民公约等。利用传统文化道德规范，培育农村居民群众的道德意识，提升其

道德观念，树立道德新风尚。发挥好各类群众文化自治组织作用，构建道德激励约束机制，强化农民自我管理，营造良好乡风文明环境。为促进乡村治理有效提升，通过加大力度培育新乡贤文化，引导其积极参与乡村治理，为乡村治理提供新的治理思路。并深入推进移风易俗建设，引导群众抵制腐朽落后文化侵蚀，科学健康生活，遏制陈规陋习，抵制封建迷信活动。引导农村殡葬改革，提倡生态安葬。

④建设平安乡村。针对云南省现有乡村治理情况，提出完善农村社会治安防控体系，促进管理下沉，加强群防群治队伍建设等进一步强化社会治安综合治理领导责任制的落实。提出继续开展扫黑除恶专项斗争，围绕农村黑恶势力、宗族帮派等加大打击力度，对于社会治安突出问题如“黄赌毒”等开展专项治理，严厉打击“乡霸、村霸”，整治农村社会突出违法犯罪活动，维护群众权益。同时由于云南省地处我国西南边界，要严防境外渗透，同时要加大对非法宗教、邪教活动的打击力度，严防利用宗教干预农村公共事务。通过综治中心建设，深化拓展和完善其各项功能。加大农村安全隐患排查力度和提升其治理能力，增强群众自我防范意识和能力，构建农村公共安全体系。完善矛盾纠纷化解机制，促进多元主体参与矛盾纠纷化解，排查化解各类矛盾纠纷。探索实施“路长制”、网格化、精细化、精准化服务管理、“雪亮工程”建设等促进平安乡村建设。

⑤建设民族团结进步示范乡村。云南省是一个少数民族众多的地区，民族团结对于云南省的乡村振兴有很大的现实意义。习近平总书记多次就关于推进民族地区的发展展开了一系列重要论述。党的十九大报告所作的关于民族工作的重要论述也为云南省今后在民族团结方面的工作提供了基本方向和指引。云南省是少数民族最多的省份之一，充分利用这一优势可以把云南省打造成团结进步示范区，有利于推动民族团结，有利于进一步激发民族地区基层组织参与乡村治理的积极性，继而促进民族教育、文化繁荣和民生改善，最终有利于推动形成共建、共治、共享的治理格局。围绕将云南省建设成为我国民族团结进步示范区的目的，《规划》提出要扎实实施《云南省建设我国民族团结进步示范区规划（2016—2020年）》，着力开展6项重点工程，全面实施“直过民族”脱贫计划，对重点“直过民族”进行重点帮扶。持续开展兴边富民行动，开展民族团结进步创建，继续实施“十县百乡千村万户”示范工程等推进民族进步示范区创建。

（3）夯实基层政权。夯实基层政权在《规划》中主要有三点，分别是加强基层政权建设、创新基层管理体制机制和健全农村基层服务体系。对于加强基层政权建设，提出要合理设置基层政权机构、调配人力资源，整合各方力量及相关资源设置综合机构，这是为了更好地服务群众，在节约资源的同时提升办事效率，让更多的资源下沉。同时提出了对于乡镇领导班子的建设要更有计划，注重对年轻干部和优质人力资源的选拔力度，加大力度促进人才之间的交流，夯实基层政权建设。对于基层管理体制机制的创新，提出要从事权责任划分出发，明确各部门责任，相关部门积极改革自身管理制度，改进服务方式，从群众便利出发，推动“三个一”建设（服务事项一窗式办理、部门信息系统一平台整合、社会服务管理大数据一口径汇集），提升管理水平，服务群众。对于农村基层服务体系的健全与完善，提出制定权责清单，开展农村基层服务规范化、标准化建设。整合优化公共服务和行政审批职责，利用“云岭先锋”综合服务平台，开展“一门式办理”“一站式服务”。加大对农村服务性、公益性、互助性社会组织的培育力度，积极开展社会志愿服务。同时针对现有农村基层工作出现的行政化倾向，提出要开展农村基层减负工作，集中整治“三多”（即考核评比多、创建达标多、检查督查多）等突出问题。

二、《中共云南省委　云南省人民政府关于全面推进乡村振兴加快农业农村现代化的实施意见》（以下简称《实施意见》）中组织振兴解读

1.《实施意见》出台的背景

“三农”问题始终是我国的根本问题，现阶段，云南省的农业、农村、农民取得了较好的发展成效，农业平稳发展，农产品质量和食品安全水平得到有效提升，脱贫攻坚如期完成，云南省消除了绝对贫困和区域性整体贫困。同时农村人居环境整治成效显著，农民生活质量得到有效提升，农业农村发展进入新发展阶段。新发展阶段，云南省要振兴，乡村必须振兴，实现云南省的振兴，最艰巨的任务在“三农”，最大的潜力也在“三农”。

基于这样的现实背景，2021 年 1 月 4 日，党中央出台了《中共中央　国务院关于全面推进乡村振兴加快农业农村现代化的意见》，云南省为深入贯彻落实其精神，结合本省实际，出台了《实施意见》。这是在“十三五”时期，云南省在脱贫攻坚取得胜利，现代农业得到良好发展，乡村振兴获得良好开局的基础上，结合国家发展战略和自身发展实际提出的。其重点是通过乡村振兴加快云南省农业农村现代化建设。其中关于乡村振兴战略提出：实施乡村振兴战略，关键在于聚焦产业兴旺、生态宜居、乡风文明、治理有效和生活富裕的总要求，着力推进乡村产业振兴、人才振兴、文化振兴、生态振兴和组织振兴。“五个振兴”与实施乡村振兴战略的总要求互为表里，相辅相成，为解决“三农”问题提供了新思路、新方法。其中，“组织振兴”主要指要实现基层党组织的振兴。实践证明，基层党组织是实施乡村振兴战略的“主心骨”，基层党组织坚强有力，乡村振兴便会蹄疾步稳。

“十四五”时期，是我国开启全面建设社会主义现代化强国的新征程，是我国向第二个百年奋斗目标进军的第一个五年。云南省作为我国少数民族最多的省份之一，其发展对于国家全面建设社会主义现代化强国具有重要的作用，缺少云南省社会主义现代化组成的强国不是真正的强国。为了实现云南省农业农村现代化的目标，最终为建成我国社会主义现代化强国，云南省结合国家提出的乡村振兴战略规划，从云南省的具体实际出发，出台了《实施意见》。该《实施意见》充分从云南省自身所取得的现有成就出发，结合现阶段面临的短板，有计划地对未来云南省乡村振兴和农业农村现代化作出了规划，为云南省加快农业农村现代化发展提供了有力支撑。

2.《实施意见》的总体要求

《实施意见》的总体要求有两个部分组成：①指导思想。②目标任务。

（1）指导思想：

以习近平新时代中国特色社会主义思想为指导，贯彻落实党的十九大和十九届二中、三中、四中和五中全会及中央经济工作会议、中央农村工作会议精神以及习近平总书记关于“三农”工作重要论述和考察云南省的重要讲话精神及新发展理念。

（2）目标任务：

①到2021年，首先，对粮食播种面积及产量提出目标，分别达到6251.1万亩①、1905万吨以上。其次，提出持续打造世界一流“绿色食品牌”，保障生猪产业平稳发展，促进提升农产品质量和食品安全水平。最后，提出保障农民收入增长继续快于城镇居民收入，以巩固脱贫攻坚取得的成果，全面开启乡村建设行动，深入开展农村改革，推进农村人居环境整治，保障农村社会和谐稳定。

②提出到2025年，农业农村现代化要取得重要进展，具体表现在基础设施、农业发展、脱贫攻坚成果巩固、农村生产生活方式、乡村建设行动上。

其中在基础设施方面，主要针对农业基础设施和农村生活设施提出要求。到2025年，农业基础设施现代化要上新台阶，农村生活设施便利化要初步实现，同时对城乡基本公共服务均等化提出的要求是其水平要明显提高。

在农业发展方面，提出的具体要求是要确保农业基础更加稳定，粮食等保障更加有力，农业生产结构及区域布局明显优化。同时要持续打造世界一流“绿色食品牌”，提升农业质量效益和竞争力等。在脱贫成果巩固拓展方面，城乡居民的收入差距要持续缩小。

在农村生产生活方面，提出的要求是绿色转型要取得积极进展，生态环境要得到明显改善。

在乡村建设行动上，其要求是要取得明显成效，乡村的面貌要有显著的变化，乡村的发展活力要充分激发出来，文明程度得到新的提升，农村的安全保障更加有力。

3.《实施意见》的重点内容以及对于乡村治理作出的安排

《实施意见》内容可概括为“五个突出”：

（1）突出守牢两条底线。

（2）突出推进现代农业高质量发展。

（3）突出乡村建设治理重点工作。

（4）突出强化政策保障和体制机制创新。

（5）突出坚持和加强党的领导。

其中“突出乡村建设治理重点工作”主要体现在对乡村发展、建设、治理三项重点工作

① 亩：土地面积单位，1亩≈666.67m^2，全书统一说明。

进行细化安排，要求各地扎实有序推进。在组织振兴部分，提出加强和改进乡村治理。农村社会稳定事关党的执政基础和社会稳定大局。

《实施意见》提出强化县级党委抓乡促村职责，健全乡镇党委统一指挥和统筹协调机制，发挥驻村第一书记和工作队抓党建促乡村振兴作用。深入推进农村精神文明建设，在乡村创新开展“听党话、感党恩、跟党走”宣传教育活动。推进更高水平的平安法治乡村建设，切实维护农村社会平安稳定。

4.《实施意见》的具体举措以及与组织振兴有关的内容

《实施意见》的具体措施有 4 大点 29 小点：

（1）巩固拓展脱贫攻坚成果同乡村振兴有效衔接中有 4 点具体措施：①保持政策措施总体稳定。②持续巩固脱贫攻坚成果。③接续推进脱贫地区乡村振兴。④加强农村低收入人口常态化帮扶。

（2）加快推进农业现代化中有 9 点具体措施：①提升粮食和重要农产品供给保障能力。②加快发展现代种业。③落实最严格的耕地保护制度。④加大农业水利基础设施建设。⑤强化现代农业科技和物质装备支撑。⑥全力打造世界一流“绿色食品牌”。⑦构建现代乡村产业体系。⑧推进农业绿色发展。⑨推进现代农业经营体系建设。

（3）大力实施乡村建设行动中有 10 点具体措施：①实施乡村振兴“百千万”示范工程。②加快推进村庄规划工作。③加强乡村公共基础设施建设。④实施农村人居环境整治提升五年行动。⑤提升农村基本公共服务水平。⑥全面促进农村消费。⑦加快县域内城乡融合发展。⑧深入推进山区综合开发。⑨强化农业农村优先发展投入保障。⑩深入推进农村改革。

（4）坚持和加强党对“三农”工作的全面领导中有 6 点具体措施：①强化五级书记抓乡村振兴的工作机制。②落实县委书记抓“三农”主体责任。③加强党委农村工作领导小组和工作机构建设。④加强党的农村基层组织建设和乡村治理。⑤加强新时代农村精神文明建设。⑥健全乡村振兴考核落实机制。

这 4 大点 29 小点皆是从云南省发展实际出发，针对其目前存在的问题，有针对性提出的具体举措。其充分适应了云南省的发展现状，为云南省开展乡村振兴和促进农业农村现代化发展提供了助力，为新发展时期云南省的高速发展理顺了道路，是云南省高速高质发展的重要基础。

其中关于组织振兴的内容主要体现在第四点——坚持和加强党对“三农”工作的全面领导。组织振兴重点强调要以党组织领导为核心，融通社会各界力量，改变传统的管理方式，让更多的社会主体、社会组织参与乡村治理。

《实施意见》重点强调了党组织建设对于乡村振兴和农业农村现代化的重要性：

（1）要强化五级书记抓乡村振兴的工作机制。我国是中国共产党领导的人民民主专政的社会主义国家，最大的特点就是党的领导，党是一切工作的核心，组织振兴提出要“夯实基层基础作为固本之策，建立健全党委领导、政府负责、社会协同、公众参与、法治保障的现代乡村社会治理体制，推动乡村组织振兴，打造充满活力、和谐有序的善治乡村”，明确强调党是关键环节。强调五级书记抓乡村振兴，重在落实各级党委书记在乡村振兴中的相关责任，是为充分发挥各级党委在农村工作中的牵头和统筹作用，以及充分激发各级党委书记在乡村振兴中的“一线总指挥”作用，突出强调地方各级党委一把手要将“三农”工作扛在肩上、抓在手里。云南省在全面推进乡村振兴加快农业农村现代化的过程中，应继续强化五级书记抓乡村振兴工作机制，在中央统筹领导下，建立健全省负总责，完善市县乡抓落实的农村工作领导体制，将脱贫攻坚同乡村振兴有机结合起来，建立健全乡村振兴工作体系，同时细化各级党委的责任，有效推进乡村振兴与加快农业农村现代化的发展。

（2）落实县委书记抓“三农”主体责任。县委书记是乡村振兴战场的“第一指挥”，是本地区乡村振兴工作的第一责任人，是带领本地区人民群众建设幸福家园的“施工队长”，其对本地区的所有事务负总责，其中“三农”工作更是其负责内容中的重中之重。落实县委书记抓“三农”主体责任，具体路径是县委书记要将主要精力放在“三农”上，要提升自身综合能力，要抗住责任，要从本县的具体实际中发现问题，提升解决“三农”问题的工作能力和水平，谋划好全县的农业农村现代化。

（3）加强党委农村领导小组和工作机构建设。提出的具体要求是要充分发挥各级党委农村工作领导小组牵头总抓、统筹协调作用。并从议事、督查、考核等方面提出相关要求，对于相关涉农部门出台的政策要求进行备案，强调对于“五大振兴”的目标任务，要在党的领导下设立专项小组或是工作专班，要建立台账，压实责任，同时强调要分解“三农”任务重点，落实责任到部门，同时完善农业农村基层工作体系，强化基层工作力量。

（4）加强党的农村基层组织建设和乡村治理。党的农村基层组织是党在农村工作的核心，是支柱，是碉堡，是党同群众联系的“神经末梢”“毛细血管”。加强党的农村基层组织建设，能够充分发挥农村基层党组织的领导作用，促进乡村振兴与脱贫攻坚成果的巩固，推进农业农村现代化。因此，其具体要求有深化党组织标准化规范化建设，选优配强各组织成员，提升各组织执行力，坚持选派驻村第一书记和工作队制度，推进农村“领头雁”工程，培养储备优秀后备力量，加强农村基层干部激励关怀，开展村委会规范化建设和“阳光工程”实行村务公开；开展乡村治理试点，推进法治乡村等建设，建立健全扫黑除恶常态化机制，强化道路交通安全管理，整治农村宗教等一系列具体措施。

（5）加强新时代农村精神文明建设。习近平总书记指出：“人无精神则不立，国无精神则不强。唯有精神上站得住、站得稳，一个民族才能在历史洪流中屹立不倒、挺立潮头。”乡村振兴不仅是“硬件”的振兴，同时也应该是“软件”的振兴，农民的思想道德建设、法治建设、村规民约、家风家教等都是乡村振兴“软实力”的一个具体表现。在推进乡村振兴的过程中，绝对不能忽视对群众精神文明的建设。党的十八大以来，以习近平同志为核心的党中央高度重视社会主义精神文明建设，党的十八大提出要积极培育和践行社会主义核心价值观，并将其放在了十分重要的位置。党的十九大以来，新时代中国特色社会主义思想建设进入新的高潮阶段，云南省充分结合中央相关文件要求及自身发展需求。提出要以农民群众喜闻乐见的方式开展思想教育，积极拓展各项精神文明创建活动，用好县级融媒体中心及应急广播系统，弘扬“西畴精神”，积极开展各类群众性主题教育活动，挖掘传统文化中蕴含的优秀思想文化，继续开展移风易俗，建立健全村规民约监督落实制度，加大力度整治不良社会风气等强化新时代云南省农村精神文明建设。

（6）健全乡村振兴考核落实机制。乡村振兴的实施，应参照脱贫攻坚具有相对应的考核标准。云南省结合本省发展实际，提出要严格落实下级党委政府每年向上级党委、政府报告乡村振兴战略进展情况制度。将乡村振兴战略实绩考核纳入领导干部综合考评内容，开展通报表扬及建立常态化约谈机制，加强监督，纠治形式主义、官僚主义，同时强化乡村振兴宣传，营造振兴氛围。

（执笔人：黄丽　赵丽　谭鑫）

第四讲　现状之讲

第一节　云南乡村组织振兴基本情况

一、坚持党的领导地位

组织振兴是乡村振兴的“第一工程”，而党的领导是乡村振兴的基石，也是乡村振兴的保障。农村基层党组织是党在农村工作的基础，也是党联系群众的桥梁和纽带。基层党组织是党组织体系中的“神经末梢”，基层党组织的建设质量直接影响了党的执政根基。农村社会不断变革，只有加强基层党组织建设才能全面提升基层治理效率，坚持党的领导，全面加强基层党组织建设才能把战斗堡垒作用发挥好。

云南省在推进乡村振兴过程中，始终将组织振兴放在“五大振兴”中的首要位置，没有组织振兴，也就没有产业振兴、人才振兴、文化振兴、生态振兴，组织振兴是乡村振兴的政治保障，而坚持党的领导，是组织振兴的必要条件。云南省在推进乡村振兴的过程中坚持把党的领导放在首要位置，坚决维护党中央权威，坚持党在推进基层治理工作中的绝对领导地位。

二、推进组织协同治理

治理的主体包括各级党组织、各级政府、各类经济组织、社会组织和广大民众。目前云南省在推进组织振兴的进程中，强调要强化社会组织的协同治理能力。全省各地响应号召，都加大了社会组织支持力度，引导社会组织积极参与基层社会治理。如玉溪市开展“五社联动”探索，以党组织为基础，充分发挥社会组织“穿针引线”作用，探索推进组织协同治理良好局面。云南省双江拉祜族佤族布朗族傣族自治县则探索“党支部 + 振兴理事会 + 特色工作小组”模式，充分发挥振兴理事会的作用。弥勒市积极探索社会组织参与基层社会治理新模式，坚持党建引领社会组织发展，充分统计现有社会组织中的党员人数，在社会组织中建立基层党组织，充分发挥党组织在社会组织中的作用。同时加大力度培育社区社会组织，并出台相关意见文件，鼓励支持社会组织发展、参与乡村（社区）治理等，以此促进协同治理。

三、加强人民调解队伍建设

人民调解队伍是乡村治理主体的重要组成部分之一，是推动乡村治理有效的重要方式方法之一，是维护社会和谐稳定的第一道防线。在《国家乡村振兴战略规划（2018—2022年）》及《云南省乡村振兴战略规划（2018—2022年）》中，都提出加强乡村人民调解组织建设，建立健全纠纷调处化解机制；同时在《中共中央 国务院关于全面推进乡村振兴加快农业农村现代化的意见》《中共云南省委 云南省人民政府关于全面推进乡村振兴加快农业农村现代化的实施意见》中也强调要加强乡村人民调解组织队伍建设，推动就地化解基层矛盾纠纷。可见矛盾纠纷已成为乡村平安建设的阻碍。

基于此，云南省出台了《云南省矛盾纠纷多元化解条例》，认真贯彻落实十八届四中全会《关于加强人民调解员队伍建设的意见》，积极优化人民调解队伍，认真选任人民调解员，积极调动人民调解队伍积极性，开展走访、调解矛盾纠纷等日常服务工作；同时建立健全网络调解平台机制，加强调解队伍建设，健全完善大调解格局，进一步完善云南省基层调解组织矛盾纠纷化解机制。

四、完善组织用人制度建设

党的领导是中国特色社会主义最本质的特征，是选人用人工作的根本要求。云南省在组织用人制度上严格遵守选人用人制度，切实把牢选人用人关。统一思想认识，从违法案例中吸取教训，严格执行选人用人制度，打造干部选拔任用严格完整链条。建立健全培育干部常态化机制，完善干部考核评价办法，注重从基层中发现干部，选拔有能力的干部，培养干部，不断优化组织领导。因地制宜，创新选人用人机制，探索“任人唯贤”用人机制，树立正确用人导向，有效激发干部积极性，实施以能力定岗位机制，干部竞争上岗机制，部分单位组织推行聘用制用人制度和管理制度，这一系列措施有效地吸收了优秀人才进入。

五、坚持村务公开“阳光工程”

村务公开“阳光工程”是群众切实行使自身权利，维护自身利益的重要环节。云南省在乡村治理过程中，严格落实村务公开，严格执行“四议两公开”制度，积极搭建阳光政务平台，公开透明村务，强化村级事务监管，打造村级事务“阳光公开”监管平台，充分利用现代网络技术，精细化监管水平，使群众对村级事务做到看得到、能知晓、可参与。

2019年，云南省修订完善《云南省村务公开和民主管理暂行办法》，促使村务公开更加规范，村务事前、事中、事后更加透明。

六、推进农村“领头雁”培养工程

农村“领头雁”培养工程是云南省提升优化农村带头人整体队伍的重要方式。云南省积极推进农村“领头雁”培养工程，持续打造“六有”农村基层干部队伍。

2018年，云南省委下发了《关于实施农村“领头雁”培养工程的通知》，这为云南省基层干部队伍优化提供重要政策支持。新发展阶段，云南省立足现有成果持续深化农村“领头雁”培养工程，全面开展选优配强村（社区）党组织书记专项行动。

2020年，云南省委组织部再次下发了《关于深化农村“领头雁”培养工程开展选优配强村（社区）党组织书记专项行动的工作方案》，为进一步推动农村“领头雁”培养工程奠定了制度基础。印发的《关于实施农村优秀人才回引计划的通知》，为云南省实施农村优秀人才引流计划提供了方向，同时将农村优秀人才纳入“人才信息库”，充实了农村基层干部的储备力量。

第二节　云南乡村组织振兴存在问题

一、基层党组织作用发挥不显著

随着全面脱贫目标的实现，云南省组织振兴站在了一个新起点上。《云南省乡村振兴战略规划（2018—2022年）》中强调，党的领导的首要措施是健全党组织核心组织体系，基层党组织是我国基层治理体系中的“神经末梢”，基层组织建设的好坏直接影响云南省推进高原特色现代化治理体系的进程。在云南省基层治理的实践中，基层党组织战斗堡垒作用发挥不完全，阻碍了云南乡村治理现代化的整体进度。

（一）基层党组织干部政治领导力不强

首先，云南省是集边疆、山区、民族、相对贫困为一体的经济欠发达地区，农村干部选拔的门槛较低，基层领导干部群体的平均年龄较大、村干部领导班子整体学历不高，综合素质较低，难以达到乡村振兴中对基层领导干部选拔要求①。其次，部分在职基层党组织带头人思想政治水平不高、责任意识不强，担当意识、忧患意识不够，在大是大非面前政治立场不坚定，不能起到好的带头人作用。最后，基层党组织干部群体在制定相关的规划方案上缺乏前瞻性，局限于现有的规章制度，无法同现有的乡村治理方法同步，基层党组织创新性不够，无法完全发挥基层党组织干部的引领作用②。

---

① 刘颖：《西南山区农村乡村振兴战略的实践与意义——以Z县为例》，《农村经济与科技》2020年第31卷，第8期，174-175页。

② 王同昌：《新时代农村基层党组织振兴研究》，《中州学刊》2019年第4期，14-19页。

（二）民族地区党建工作薄弱

首先，部分民族自治地区农村党员对自己的党员身份认同感不强，参与乡村振兴事业的热情度不高、积极性不够，导致党在民族地区意识领域中的领导作用不够强。其次，部分民族地区领导干部、少数民族党员干部培养发展的数量较少，部分组织没有因地制宜开展具有民族特色的主题党日活动，一味地根据上级组织要求“埋头苦干”，党建工作不够灵活，没有充分利用民族文化资源创新基层党建工作，工作方式缺乏创新性，不利于建设民族团结示范区以及推动党组织奋斗目标的实现①。

（三）党支部建设不规范

部分党支部结构不合理，在年龄、结构、性别、少数民族党员比例上失衡。基层党组织忙于应对各种考核，对党员的教育不到位，党员队伍管理松弛。组织设置方式不够优化，组织体系不健全，部分党组织组织生活制度缺乏一定组织基础。部分党组织存在党务工作不规范，党员发展指标不够，不按流程发展、盲目发展的情况。还有一部分基层党组织组织生活会落实不够严格，党内政治生活缺乏吸引力和感染力。同时党员管理存在着不到位现象，一些偏远地区农村党员、流动党员、外出党员呈现“脱管”状态，流动党员变成口袋党员。

（四）基层党支部人才储备不足

首先，乡村高素质人才数量不足。云南省多为山区地形，地理条件复杂，经济发展相对滞后，高素质人才外出求学后往往选择去往经济基础条件较好、基础设施较先进的城市地区，最终留在乡村的高素质人才寥寥无几，基层党支部往往难以挖掘到高素质人才。其次，农村基层党支部人才引进机制不完善、人才引进渠道狭窄，加之由于户籍壁垒以及人才引进成本限制了高素质人才参与到乡村治理中。最后，青年干部受编制、待遇、晋升等因素的限制不愿到基层历练，一部分青年干部把驻村工作当成工作晋升的“跳板”，没有长期留任乡村的意愿，乡村治理陷入人才断流的恶行循环②。

（五）基层党支部政治功能弱化

基层党组织政治功能悬浮，作用未能完全发挥。政治功能是基层党组织的“魂”，但是在日常活动中，基层党支部的政治功能受到一定制约，少数基层党组织政治站位不够高，政治意识弱化，部分支委班子大局观念不够，欠缺责任担当，政治信念有所松动，不能发挥其政治核心作用，少数基层党组织与群众的联系不够紧密，与其他组织联系度不高，游离在农村自治组织、经济组织和社会组织之外，脱离了群众需要、脱离了农村发展的需要。一些基层党组织涣散，组织生活会以及“三会一课”等流于形式、走过场，随意化、娱乐化等现状

① 黄克亮：《乡村组织振兴视域下增强农村基层党组织和党员内生动力的路径研究》，《探求》2018 年第 5 期，43-50 页。

② 彭文静：《农村基层党组织振兴发展路径探析》，《新西部》2019 年第 36 期，70-71 页。

显著，部分沿边地区的管党治党“宽松软”问题较为突出，党员管理能力孱弱，基层党组织运行受阻，难以开展正常的民主监督、民主管理等党务工作。

二、基层政权组织社会控制能力弱

社会控制是指基层政权运用社会规范以及相应的手段和方式，对社会成员（包括社会个体、社会群体及社会组织）的社会行为及价值观念进行指导和约束，对各类社会关系进行调节和制约的过程[①]。现阶段云南省已经完成了脱贫攻坚，全面开启乡村振兴。但是在这个过程中，基层政府的社会控制能力还是受到了削弱。

（一）基层政权组织向下行政倾向显著

在我国，基层政府组织发展过程中逐步形成了以政府为主导的自上而下的治理模式，这种治理模式在一定程度上提高了治理效率，但是其他治理主体缺位，基层群众直接参与乡村治理的权利被压缩。基层政权组织作为和基层群众最熟悉的一个组织只能“被动”接受政府的治理任务，政府过度地介入农村社会治理，在一定程度使群众对政府的公信力产生怀疑，损害了政府的公信力，不利于推进乡村治理现代化。

（二）基层政权组织参与农村治理体制机制不完善，限制基层政权组织合理有效发挥自身作用

现阶段云南省虽然已经完成了绝对贫困的脱贫，但是相对贫困依然存在，要充分缩小收入差距，提升城乡发展水平，基层政权组织的领导具有重要的作用。在全面推进乡村振兴阶段，原有的旧的社会体制机制已经被打破，原来存在的“熟人社会”也随着经济社会的发展异变为“半熟人社会”，原来的“小农经济”也逐渐转变为“家庭农场”“集体经济”等类型。在这样的背景下，农村的经济纠纷、土地纠纷、邻里矛盾纠纷等凸显，村民参与乡村治理欲望提升，但原有的社会治理体制已经不适应现阶段的群众需求，原有的基层政权组织对于农村社会治理的体制机制不适应农村社会的发展，不能有效发挥自身作用，参与乡村治理有限。加之村民参与乡村治理机制不健全、社会资源参与乡村治理渠道不顺畅、基层政府管理乡村社会事务不全面，基层政权组织无法统筹和协调外来资源参与乡村治理，导致社会转型时期农村社会管理受阻，影响乡村振兴的发展[②]。

（三）基层政权组织公共服务能力有限，社会控制存在盲点

一方面，随着云南省脱贫攻坚的结束，乡村振兴战略的开启，大量惠农资源注入农村，一些基层政权组织盲目申报与乡村振兴相关的项目以获取相关资源，但事实上并未实质性推行，造成大量惠农资源的浪费，基层政权组织公共服务能力受到影响。此外，部分基层服务

---

① 郭文明、刘瑞芬：《新时期农村基层社会控制的变迁》，《探索与求是》2001 年第 6 期，28-29 页。

② 陈于后、张发平：《新时代乡村“自治、法治、德治”融合治理体系研究》，《云南行政学院学报》2019 年第 21 卷，第 6 期，13-21 页。

人员只注重自身利益，价值观扭曲，逐渐淡化了服务意识，在实际服务农村基层群众的过程中出现懈怠心理，业务能力弱化，在提供公共服务的过程中易出现对相关政策不熟悉现状，影响公共服务的提供，严重时易使基层政府的公信力遭到质疑，最终影响基层政权组织的社会控制能力。另一方面，随着经济社会的发展，人员的流动性越来越大，流动人口越来越多，如何将外出流动人口纳入乡村的控制体系，使这部分群众积极参与进入乡村治理组织中，是现阶段出现的管理“盲点”，这从另一角度说明了基层政权组织的社会控制是有限的，并且能力也是有限的。

（四）乡村法治建设能力孱弱，法治屏障薄弱

一方面，云南省农村地区基层法治建设薄弱，部分边境村尤其突出，村民的法治意识相对薄弱，依法治理意识欠缺，甚至部分地区村委干部法治能力也较弱，法治建设能力跟不上乡村振兴的要求，法治环境薄弱，基层政权组织利用法治开展治理难度较大。另一方面，由于缺乏法治理念和法治思维，部分边缘化的农民在相对剥夺和利益受损的驱动下展开群体性的抗争，往往会通过“日常的抵抗”的弱武器和“以法抗争”的强武器保障自身利益，由于缺乏专门的申诉渠道容易诱发群体性的社会冲突，这与基层政权组织依法治理相矛盾，影响乡村社会秩序的稳定，对基层政权组织的社会控制能力带来挑战[①]。

三、基层各组织间治理协同性不强

乡村治理的各个主体在乡村治理中扮演的角色不同，要厘清基层党组织、基层政权组织、群众自治组织间的关系，才能充分发挥各组织的功能和作用，最终实现农村社会治理的良性循环。从云南省基层组织参与乡村治理的实践经验来看，基层组织间协同性不强问题仍然突出。

（一）基层党组织与乡村社会组织之间存在力量失衡

在云南省的乡村治理中，乡村党组织与其他治理主体的融合性不高，两者之间无法形成平衡的治理结构。作为政府代表的干部与以社会组织为代表的群众联系度不高，这类型的社会组织代表尚未以真正独立、平等的主体参与农村社会事务管理活动中。加上基层治理中党群共治经验比较缺乏，基层党组织同其他社会组织间协同配合能力不够，大部分农村地区仍然是村党组织对乡村事务一手包办，其他社会组织主体缺少参与乡村治理的空间。

（二）社会组织发育不足，协同能力低

社会组织是参与乡村治理的主体之一，但是在云南省农村发展的过程中，社会组织发育并不健全，其参与治理能力有限。随着社会的发展和村民对公共服务需求的增加，对农村社会组织建设的要求逐步提高，但农村社会组织发展质量参差不齐，部分农村社会组织建设不规范、不健全，专业化服务组织缺乏，农民的利益诉求难以实现。在乡村事务管理过程中，

① 孙运宏、宋林飞：《新型农业经营主体发展与乡村治理创新》，《南京社会科学》2016 年第 12 期，59-64 页。

往往被忽视，社会组织不能充分参与到乡村治理中，协同治理能力受到制约，同时也阻碍了农民对农村公共事务的有效参与①。

（三）乡村基层政权组织职能划分模糊，存在权力交叉、权力越位的现象

国家行政权力向基层的渗透和延伸导致村委会在农村治理过程中有职能虚化趋势，在云南省仍旧存在着村委会行政化现象，基层政权组织在放权的同时也将部分原属于基层政权组织的责任下压给村民自治组织（村民自治委员会），出现职权划分模糊状况。在某种程度上造成村委会与村民事实上的割裂，成为基层政权组织的下级部门，原有的协同治理异化为自上而下的“单向”治理。此外，对于村民自治组织来说，其接受上级主管部门领导的同时，还受其具体业务往来的上级组织的管理，相对来说，表现出管理部门较多的特点。这使得部门之间存在权力交叉，甚至权利越位现象，致使基层组织之间的协同治理能力受到挑战，不利于组织振兴的开展。

（四）各组织之间配合度不高，协同合作理念亟待构建

在向社会提供公共产品和公共服务方面，政府部门更加倾向与类似自身性质的公办机构或事业单位属性的社会组织合作，在行政权力主导背景下购买社会公共服务，这就造成社会组织在竞争中的机会不均等情况时有发生。在基层治理的过程中，由于政府和社会组织之间合作理念的缺乏，加上政府行政干预的出现，导致政府和社会组织协同治理模式名不副实，没有达到理想效果和预期成效，真正意义上的协同合作模式亟待构建②。

四、农村经济组织发展缓慢

云南省农业发展条件复杂，欠发达的基本省情并没有根本改变，基层政府不断探索适合云南省省情的乡村治理模式，但是经济组织发展不平衡不充分问题依然存在。

（一）农业新型经营主体发展不充分，小农户带动能力较弱

一方面，以新型农业经营主体为代表的农村经济组织发展缓慢，给乡村治理带来了挑战。主要表现在有带动能力的新型经营主体太少，一些新型经营主体有名无实，还有一些新型主体成长缓慢、创新能力较差，不具备开发新业态、新产品、新模式和新产业的能力。另一方面，受云南省高原山区地形影响，云南省多数地区经济增长期依赖传统农业的精耕细作，农户分散耕种、自给自足的状态难以改变，小农户的专业化、规模化、集约化程度较低。虽然多数地区具有农民专业合作社、农村集体经济组织等农村经济组织，但实际起带动作用的较少，存在部分“空壳社”“空心”集体经济组织并未真正开展经营活动。加之农业产业

① 杜宝兰：《国家治理体系现代化视域下的农村基层组织建设研究》，硕士学位论文，云南师范大学政党及群众组织，2018。

② 宋卫佳：《基层协商治理中政府与社会组织协同关系优化研究》，硕士学位论文，南京工业大学行政学及国家行政管理，2019。

发展以“小散弱”的小农经济为主，群众对于经济组织的认识程度不够，导致新型经营主体发展受阻，小农户与现代农业衔接困难，发展举步维艰。

（二）基层组织引领能力不够强，经济组织发展受限

以党组织为首的农村基层组织在发展经济过程中对农村经济的引领能力不够，组织优势发挥不显著。在云南省的部分农村地区，基层组织的作用主要体现在政治功能上，而对于经济的发展，由于缺乏专业人员，缺少高素质人才，其经济发展思路过于局限，基层组织在发展经济的过程中往往乏力，对于集体经济的发展缺少战略性的规划，而对于集体经济组织的管理更是过于疲软，部分集体经济组织只是“挂在墙上”，并未真正落在实处。经济组织内部人员分工也只是形式上的，基层组织对于农村经济组织的引导管理明显不足，没有真正做到“党委领导、政府负责、社会协同、公众参与、法治保障”。加之部分村集体经济薄弱，自我发展能力差，底子薄的现状很难改变，对于仅靠上级拨付款项开展建设的村级组织来说，党组织未充分发挥其引领力，只是传统意义上的开展组织活动，并未对农村经济组织的发展进行深入细致分析，推进集体经济发展。这无疑更增加了集体经济组织自身的压力，掣肘村级组织的发展建设，同时也制约着农村经济的发展。

（三）农村集体经济组织市场需求把握难，组织化水平不高

首先，受科技发展影响，云南省农村地区以家庭农场和合作社为代表的新型农民经营主体在经济发展的过程中缺少对于先进科学技术、互联网技术的学习和应用，对于现今大数据的了解程度不够深，获取行业信息渠道有限。主要依靠政府或村民委员会宣传，经营者与农业信息供需错位，农村新型农业经营主体难以掌握市场动态，无法预测农产品市场变化[①]，市场需求把握难度大，发展受限。其次，以农民专业合作社为代表的新型农业经营主体在组织化程度方面较为弱化，虽然有一定的组织，但是实际的水平却不高。在产业组织化程度上，普遍存在过度注重自身盈利，忽视利益联结，弱化产业链，致使经济组织之间发散竞争，无序竞争，最终的结果是市场的交易成本被拔高，产生的结果是产品流通受阻。最后，由于土地产权模糊、土地流转受到限制等问题，导致农业经济组织难以形成规模效应。尽管土地流转效益逐步提升，然而农民参与土地流转的制度不健全等问题，使农民参与土地流转的意愿有下降的趋势，不利于农业经济组织的培育。

五、乡镇政府职能转型困难

基层乡镇政府在我国政府治理体系中发挥着较大的作用，其职责是按照国家和上级政府的要求完成相关的目标任务和职责，连接国家、市场和社会。当前，新一轮基层政府机构改

---

① 韩旭东、杨慧莲、郑风田：《乡村振兴背景下新型农业经营主体的信息化发展》，《改革》2018 年第 10 期，120-130 页。

革正在进行，由传统的管理型政府向服务型政府转化，但是随着乡村振兴的整体推进，乡镇政府转型过程中也面临一系列问题。

（一）权财不匹配阻碍职能转型

一方面，随着乡村振兴的整体推进，国家对乡镇政府的治理要求变高，国家政权组织不断对乡镇组织施压，乡镇政府逐渐变成一个“全能”政府，作为基层政权运作实体的乡镇政府的形象变的多元而复杂[①]。在社会管理事务不断下移至乡镇政府的同时，政府治理重心与行政权力等并未同步下移，乡镇政府面临对上下负责的两难之地，多头管理加重了乡镇政府的治理负担，致使乡镇政府社会治理权责不匹配，弱化了乡镇政府的社会治理能力[②]。另一方面，乡镇政府掌握的财政资源有限，自由支配财政资金的权力有限。农村快速发展，乡镇政府需要负担诸多公共领域的建设，导致乡镇财政入不敷出，社会事业性支出、基础教育、基础科学、卫生保健等公共服务领域投入不足，在某些公共服务领域供给甚至是空白状态，乡镇政府可支配的财政收入与乡镇政府在公共事务和服务中应承担的任务和职责不匹配，影响了基层经济社会发展的速度和质量，乡镇政府的治理空间受限[③]。

（二）压力型行政环境阻碍职能转型

在我国现有的政治体系中，下级政府主要以完成上级政府的行政命令为主，这就使得基层乡镇政府要承担上级细化的经济发展指标，同时上级政府还将这些指标同乡镇政府第一负责人的政绩相挂钩，这就形成了一种自上而下的压力。不仅在云南省，在全国多数地区，指标考核并未因为经济增长势头的控制而减缓，某种程度上，长期形成的压力型行政环境已经成为一种固定的模式，无论是脱贫攻坚，还是现今的乡村振兴，依旧要用指标进行检验。所以对于乡镇政府来说，由管理型政府转变为服务型政府任重而道远。

（三）体制矛盾制约乡镇政府职能转型

政府转型是一个牵一发而动全身的事情，在我国，乡镇政府要实现职能转型，首要就是要对现有的机构和部门进行新的改革和重新定义，对于大多数的地区来说，这是一个庞大的难度系数较大的问题，如何在不影响现有工作的基础上完成政府职能转型，对于乡镇政府来说是一个巨大的挑战。而这不仅仅是针对乡镇一级，同时也要求县级、市级、省级也作出相应的调整，但是我国单一制的行政体制也就意味着在大方向上这种调整只能是自上而下的，一旦自下而上，那上级体制中不适的部分将会影响乡镇政府的职能转化。

---

① 印子：《发展型基层政权：乡镇政府的行为逻辑与角色属性——基于浙东 Z 镇乡村旅游产业案例的分析》，《北京社会科学》2019 年第 11 期，51-61 页。

② 郑志龙、赵春草：《乡镇政府社会治理能力的评估与提升路径》，《行政论坛》2020 年第 27 卷，第 5 期，46-51 页。

③ 高迪：《转型期乡镇政府权责匹配问题研究》，《机构与行政》2019 年第 1 期，37-40 页。

六、农村自治水平不高

构建“三治融合”的现代化治理体系是云南省实现组织振兴的一个重要内容，“自治”处于现代化治理体系的最根本地位。在现在云南省的乡村治理体系建设中，乡村自治中的一些现实问题不能忽略。

（一）基层自治能力不足

1. 人才外流缺少治理主体

乡村“空心化”阻碍了乡村自治能力。随着大量农村群众的外出务工，乡村人力资源外流严重，没有足量的治理主体参与乡村秩序、基础设施、公共文化、公共环境的维护和其他乡村公共事务的建设。在家人员多为留守妇女、儿童、空巢老人，这其中多数人群由于接受教育的差异化，部分村民的自治意识不够强烈，主动参与乡村治理的群众较少，乡村治理主体力量式微，剩余力量缺乏参与热情，村民自治动力不足，影响基层自治能力。

2. 治理方式方法相对滞后

随着经济社会的发展，互联网的应用深入农村地区。但在乡村治理的过程中，充分结合现代化技术开展自治的较少，部分基层自治联系外流人员主要通过组建“微信群”“QQ 群”，通过在“微信群”“QQ 群”转发通知外，并未真正将自治融入其中，其更多地体现出的是一种自上而下的治理模式，村民参与度有限，自治水平较低。

（二）村民自治存在不规范情况

无论是纵向治理还是村民内部自治，都需要一套行之有效的治理规则。但就实际情况而言，云南省部分乡村的村民自治存在不规范现状，如在村规民约的制定上，部分村庄村规民约的制定和修订流程存在一定弊端，在村规民约制定的过程中，基层自治组织为了更加便利开展治理，在制定村规民约时具有一定的偏向性，一些村规民约的制定并未经过群众讨论投票通过，而其运用也束之高阁，并未真正落实，影响村民自治效果，不利于自治水平的提升。

在乡村自治的过程中，存在部分干部违背村庄治理规章制度，挑战法治底线，破坏自治章程的情况出现。村庄内部划分为不同的利益群体，存在部分人群为谋取利益，破坏乡村治理规则，忽视群众自治这个根本基础，不按自治章程办事，致使村民自治组织公信力下降，自治基础受到破坏。且由于在自治过程中监督主体在监督上存在薄弱性，致使一部分群体游离于法律之外，破坏了乡村治理规则，影响自治水平。

（三）村民缺少诉求表达渠道

村民自治委员会是群众表达诉求、自我服务的主要组织，但现阶段，我国的村民自治委员会行政化倾向显著，村民自治委员会更多以完成上级指标为主，对于群众的自治诉求更多表现出的是无暇顾及。在村民自治过程中，村民之间发生矛盾纠纷，群众缺少诉求表达渠道，村民之间、村民与村干部之间的沟通出现障碍，增加矛盾纠纷放大的可能性。同时村民自治诉求表达渠道不通畅，村民无处发声，村民与村干部之间矛盾层出不穷，“上访”与“截访”

陷入了无止境的恶性循环，乡村公共秩序遭到破坏，传统乡村德治观念淡化，村规民约约束作用不显著，乡村自治难度增大[①]。

（四）基层自治组织调节机能衰微

首先，随着乡村振兴的推进，基层自治组织的任务加重，一些地方考核检查应接不暇，部分村级组织忙于应付考核、检查，忽略了自身的建设，缺乏时间精力为群众提供优质的服务，自治组织高效运行难度大，乡村治理效能亟待提升。其次，村民自治委员会在矛盾纠纷根本上的调解化解并未发挥作用，调解能力较低。作为村民选举出来的村干部，本应充分发挥自身作用，对村民纠纷起调解作用，但因部分村干部缺乏调解能力，村民矛盾纠纷难以化解，调解机能衰微，加上农村矛盾自我化解机制不健全，这就导致村民间即使是很小的纠纷也很难内部化解，往往需要通过多种方式途径对矛盾纠纷进行调解，在不能解决时，最终选择司法途径进行解决。无论是什么方式，都加大了调解成本，且劳民伤财，大多数情况下，只是矛盾得到了解决，但双方的关系并没有缓和，而且矛盾双方有可能会因为打官司而导致世代为仇的情况出现，影响乡村治理。

第三节　云南乡村组织振兴挑战

一、基层政府“权小责重压力大”

农村基层治理是国家治理体系的重要基础和组成部分，基层政府是整个国民经济和社会发展的基础行政区域，对于整个社会稳定的发展具有重要作用。随着云南省乡村治理现代化的推进，基层政府也在不断转型升级以适应现代化的需求，但是转型过程中面临的社会矛盾逐步凸显，基层政府面临极大的考验和难点。

（一）治理权利相对较小

随着乡村振兴的整体推进，国家对基层政府的治理标准提高，但基层政府实际能自己把控的地方较小，能够自主治理的地方不多。加之上级政权组织细化向下压实责任，不可避免地对基层政府施压，基层政府逐渐演变成一个“全能型”政府，但实际上这个全能型政府并没有很大的“权”，易受上级部门的影响，能动性较小。并且随着农村社会管理事务不断下

---

① 赵普兵：《协商治理：农村自治转型之路》，《华南农业大学学报(社会科学版)》2019 年第 18 卷，第 2 期，122-129 页。

移到基层政府，政府治理重心与行政权力等并未同步下移，基层政府在乡村治理上面临权责错位的治理难题。

（二）基层政府责任重

基层政府作为我国经济建设、脱贫攻坚、乡村振兴的“前沿阵地”。其无论在哪个阶段，都要承担起经济建设、政治建设、生态文明建设、文化建设以及社会建设的重担，这对于基层政府来说是一个艰巨又具有挑战的任务。但基层政府人员配备并未跟上，部分部门组织人员缺乏，上级向下级借调，部门与部门之间借调成为普遍现状。近几年，随着新冠疫情的反复，基层工作人员的工作量也在增加，基层政府的防控压力、责任也越来越大，需要完成的任务多，政府责任重大，在一定程度上给组织振兴带来挑战。

（三）基层政府的治理压力较大

（1）云南省山区较多，农业生产条件恶劣，部分农村县域地区资源匮乏，经济发展缓慢，基层政府经济治理能力相对较弱，传统的小农经济短时间内难以改变，仅仅依靠现有的人力、物力、财力难以带动县域地区发展。

（2）农村社会不断变革，农民群众的需求不断增长，不断涌现的农业社会组织和新型农业主体增加了农民群众诉求表达的机会，同时也增加了基层政府的治理压力。不同农村社会组织、团体之间的利益诉求不一致，基层政府需要耗费大量的人力、物力、精力协调，大大降低了基层政府的效率。

（3）基层政府公信力不足，治理能力发挥受限。受传统管理体制的影响，农民群众对政府的公信力明显信任不足，偶发的地方政府处理群体事件或个别事件的处理结果不符合农民群众的预期，农民便会认为基层政府“不靠谱”“不给力”“不干事”“不公平”“不公正”，长此以往影响了基层政府的公信力。

（4）我国自古以来的体制束缚一定程度上限制了基层政府的乡村治理水平，基层政府治理的过程中，由于考核等其他原因，地方政府的上级政府往往只注重结果，在具体实施过程中过度干预，导致面子工程增加，很多中央制定的国家战略、方针、政策难以真正落实，甚至层层递减。

（5）各级政府之间权力、职责相互重叠，压缩了基层政府行政权力空间，基层政府较弱的行政权力难以配置更多农村资源，桎梏乡村治理现代化①。

二、村民自治组织“人少事多资金少”

农村的稳定和发展是整个社会稳定发展的基础。农村秩序直接影响整个经济社会秩序的全局。村民自治组织是村民为了实现自我管理、自我教育、自我服务的实行，民主选举、民主决策、民主监督的基层群众性组织。村民自治组织的运行状况直接决定了农村社会秩序。

---

① 王同昌：《新时代农村基层党组织振兴研究》，《中州学刊》2019 年第 4 期，14-19 页。

村民自治组织的出现整合了现代乡村社会，国家政权组织避免过多地对农村社会进行干预，赋予农村社会组织更多的自我管理能力，让更多的农民群众参与到乡村治理中来，丰富了中国农村的基层民主治理主体。现阶段，我国农村基层民主政治建设——村民自治组织，逐步形成一个规范体系，但是还要看到，无论是在全国还是在云南省的农村地区，农村村民自治组织小、散、弱等特点。不解决村民自治组织在运行中的现实问题，就难以推进乡村治理现代化，难以实现云南省的组织振兴。

（一）村民自治组织主体力量薄弱

一方面，随着城镇化的推进，改变了农村内部结构，外部经济的不断冲击致使农村“空心化”加剧，城市的虹吸现象导致农村人才的大量外流，大量农村群众外出务工，乡村秩序、基础设施、公共文化、公共环境的维护以及其他乡村公共事务的建设难以实施，村民自治组织内生动力不足，农村治理主体弱化，乡村“空心化”阻碍了乡村治理的现代化。另一方面，村民自治权力意识弱化，自治参与度低。部分村民参与乡村治理的意识不够强烈，在村的留守儿童、妇女、空巢老人等作用孱弱，更多的是听从“指挥”，缺乏自治意识。深入探究主要是村民权力意识的淡化，村民长期以来的等、靠、要思想制约，难以激起群众参与热情，村民自治组织发挥作用有限。加之外出务工人员多，在家主动参与乡村治理的农民群众较少，直接导致了参与村民自治组织的主体力量薄弱，对基层自治产生了一定的影响。

（二）专业人才缺乏

农村发展离不开专业人才。事实上，由于专业人才供给不足，各类社会组织以及新型农业经营主体甚至村两委都呈现发展颓疲的状态。“三农”问题必须要关注农民，从整体来看，云南省农业发展缓慢，各类农村自治组织的组成人员基本是本土农民，村级致富带头人、“土专家”、新乡贤的数量较少，本土拥有技能的专业人才较少。仅从当地选拔人才难以支撑整个乡村振兴发展需要，不能为农村社会组织发展提供更多的技能人才，只能扩展渠道从外界吸纳更多的专业人才。然而，村集体资金缺乏，相关的工作者报酬不稳定，从业者的社会认可度较低，相关的激励制度和社会保障制度不够完善等原因导致外进的人才短缺，内外两方面的原因导致农村难以吸引高素质人才参与村级自治，村民自治发展面临挑战。

（三）村民自治组织逐步行政化

村民自治组织是村民自我管理、自我服务、自我教育的自治组织，其主要是对村民群众负责，维护村民的权益，追求村民利益最大化是其最主要的目的之一。然而，现阶段的村民自治组织更多地表现出上级乡镇政府的“附属”下级部门，上级乡镇政府将更多的任务下压给村民自治委员会，同时加大对村民自治委员会的考核力度和考核标准，村民委员会需要承担大量的农村政务。过重的政务压力迫使村民委员会忽视自身的代表主体，主要以完成上级任务为重，村民自治组织了解和反映村民切实需要的能力逐渐弱化，村民的诉求表达渠道减少，使村民自治组织逐步蒙上了行政化色彩。

（四）村民自治组织资金匮乏

1. 农村集体经济组织资金缺乏

云南省山区较多，农村集体经济组织发展相较于发达省份来说还处于初级阶段，产业发展能力较弱，集体经济组织的盈利能力相对来说还较弱，大多数农村经济组织发展不够成熟，农民经济组织带动能力不强，农产品产业链较短，难以形成规模效应，村集体资金相对匮乏。村集体经济组织资金薄弱，不能较好地支持村民自治组织开展农村发展建设。

2. 农村社会组织公益性强，缺少盈利渠道

在村民自治组织中，公益性自治组织数量较多，其性质决定了它不以营利为目的。公益性自治组织的资金大多数来源村集体经济或者政府公益资金，不能进行利益分配，不能将公共财产转为私人财产。

3. 招商引资难度大

云南省欠发达地区较多，无论乡镇政府还是村民自治组织的聚焦点均为发展当地经济，招商引资的过程中，部分乡村由于地理位置，产业发展规模等因素制约，招商引资难度较大。

4. 村民自治组织的依赖性较强

地方政府资金投入大多用于看得见的公共领域，农村社会组织范围较广，成长速度较慢。一般情况下，政府会优先拨付给农村基础设施建设等项目，政府公益补助用于村民自治组织建设的资金较少且不确定，村民自治组织收入来源不稳定，村民自治组织难以发挥作用。

三、农村集体经济组织运行机制不清晰

乡村振兴背景下，乡村建设需要大量资金，农村集体经济组织在乡村建设过程中扮演了重要的角色，为我国农村集体经济实力的增进、引导资本下乡发挥了重要的作用。从云南省整体发展来看，由于各种因素限制，农村集体经济组织的改革与发展相对滞后，要实现其振兴还将面临以下挑战：

（一）法律地位不明

农村集体经济组织是云南省乡村治理组织框架的重要组成部分之一，对其研究的历史较早。虽然研究历史较早，但是并未有官方给出较为明确的定义。对于其地位虽然在国家的多项文件中都有提及，且在云南省的《云南省“十四五”区域协调发展规划》《云南省乡村振兴战略规划（2018—2022年）》及《中共云南省委 云南省人民政府关于稳步推进农村集体产权制度改革的实施意见》等多个文件也体现出其重要性，甚至政府出台的一些社会组织管理的法规条例也有涉及。但是并没有一部专门针对农村集体经济组织发展规范的法律文件，其在法律层面的地位相对于农民专业合作社来说并不具体，农村集体经济组织法制建设依然落后，影响了农村集体经济组织的健康持续发展。

（二）组织间管理者职能不明确

目前，云南省多数地区已完成村级组织负责人“一肩挑”政策，多数地区村党委组织书记、村民委员会主任、村集体经济组织理事长（村股份经济合作社董事长）均由同一人担任。在这样的背景下，党组织、村民自治组织、农村集体经济组织三者领导等于合一，虽然能更加便利地推进工作，但是有一个不可忽略的事实，就是在这过程中容易出现集体经济组织同村两委之间出现职能交叉不清的情况，阻碍集体经济组织的发展。由于受个人理解及教育限制，自治组织管理者对于三者之间的职能定位存在理解偏差或是对三者的定位不清晰，对于农村集体经济组织的认识不全面，对其市场地位认识不足。甚至部分领导者根本不懂集体经济组织的管理模式，将其与村民委员会等同起来，没有从市场经济出发，有针对性地建立集体经济组织的运行机制，使得集体经济组织运行受阻。

（三）内部治理结构不完善

首先，村集体经济组织内部成员对乡村融资项目不清，内部控制制度不完善，部分农村经济集体组织不按规定合法经营，个人运用权力徇私舞弊现象严重，存在较大的经营风险，村集体资产受到威胁。其次，农村集体经济组织作为企业的一种形式，其需要管理者具备先进的管理理念和较强的发展能力，但在实际工作中，部分带头人欠缺专业知识，不具备发展集体经济所需的能力。同时，在发展集体经济的过程中也并未严格遵守企业发展章程，并未对村集体发展的重大事项进行村民讨论、决策，没有落实村民的监督权利，监督机制不完善，在一定程度上制约了农村集体经济组织的发展。最后，在薪酬激励机制上，农村集体经济组织也存在着一定的不足，现有的农村集体经济组织发展相对滞后，部分集体经济组织并未建立健全相应的薪酬激励机制，对组织内部人员的激励作用不够，部分人员的责任意识和发展意识并未被激发出来，内生动力不足；对外部优秀人才的吸引力不强，难以吸引到优秀管理人才加入。

（四）内部管理机制不健全

健全的规章制度是农村集体经济组织健康发展的前提条件。在云南省农村经济发展过程中，农村集体经济组织占据重要的地位，但是现有的农村集体经济组织发展过程中内部管理机制存在挑战。主要是规章制度不健全，“家长制”集体经济组织特征显著，缺少相应的扶持政策和保障措施。同时，农村集体经济组织经营管理不够规范，财务内部监督力度不足，资金管理使用不够合理，缺乏对集体经济组织内部管理人员的审计和绩效评价。

四、农民专业合作社发展孱弱

农民专业合作社具有广泛的群众性和天然的扶弱性[①]，是实现小农和现代农业有效衔接

① 杨天荣、李建斌：《农民专业合作社创新发展问题研究——基于农业技术应用的视角》，《西安财经大学学报》2020 年第 33 卷，第 6 期，84-92 页。

的重要桥梁，是实现社会主义农业农村现代化的有效组织形式。云南省农民合作社发展到现今已经十五个年头，其带动了农民增收致富，促进了农业农村现代化的发展。但是在云南省的部分地区，发展好农民专业合作社仍然存在着一定挑战，部分农民合作社发展依旧存在孱弱状况。

（一）农民专业合作社风险抵御能力薄弱

云南省受自然地理位置、经济发展水平、政策制度、人力资源等因素影响，农民专业合作社面临着一定的外部风险，同时农民专业合作社内部人员的素质及能力也是其发展桎梏之一。就云南省而言，多数农民专业合作社经营品类单一，多数以种养业为主。单一品类的经营使得农民专业合作社在发展中不能更好地延伸产品的产业价值链，产业价值链短。同时产品附加值也相对较低，加之多数农民专业合作社地处偏远农村，交通不便，信息不对称，对外销售渠道相对单一，产品难以议价，缺乏产销对接渠道，市场化程度不高等。多重因素的叠加，使得农民专业合作社在抵御风险时表现出能力不足特征。

（二）农民专业合作社与农民脱节，利益联系不密切

虽然我国提出农民专业合作社是农产品的生产经营者或是农业生产经营服务的提供者、利用者，是自愿联合、民主管理的互助性经济组织。其主要的根本性目的是联合农民，提升农民收益。但是在实际的运营过程中，农民专业合作社多是小、散、弱的现状存在，在为农民提供服务这个点上，表现较为单一，不能满足农民的实际需要，也未能根据农民的具体实际需求衍生出新的服务，在一定程度上并未实现其互助性这个特性，与农民脱节。同时多重利益联结机制也不健全，缺乏同群众之间的紧密利益联结，而多数农民专业合作社的产生在于政府引导，农民群众本身对农民专业合作社认识不清晰，认为只要成立农民专业合作社就能享受到政府惠农政策的优惠，并未开展实际经营，也就出现许多“空壳社”“僵尸社”，这在一定程度上弱化了农民专业合作职能作用的发挥。

（三）农民专业合作社欠缺生产要素

生产要素是进行社会生产经营活动时所需的各种社会资源，是维系国民经济运行及市场主体生产经营过程中所必须具备的基本因素，包括劳动力、土地、资本、信息、技术等。但农民专业合作社在发展过程中仍然存在不足：

1. 劳动力要素

农民专业合作社发展缺乏专业人才，尤其是专业的农业人才、技术人才和经营管理人才。同时现有的农民专业合作社带头人普遍存在教育水平、专业素养不足现状，影响农民专业合作社的长远发展。农民专业合作社的成员素质不高，难以理解农产品行业新政策、新规定，只能被动接受信息，进一步增加了合作社的经营难度。农民合作社现有的薪酬体制、激励机制等也难以吸引人才和留住人才。

2. 土地要素

云南省现有的农民专业合作社存在用地难问题，在实际生产过程中，部分农民专业合作社面临加工、仓储和其他加工设施用地问题。但是现阶段，国家加大用地管制，临时用地、仓储用地的审批较为困难，一定程度上制约了农民专业合作社的扩容增效。

3. 资本要素

农民专业合作社大多面临资金不足现状，现有的农民专业合作社多是通过自有资金，或是民间借贷开展运营，要扩大发展规模或是提升质量效益等，这部分资金相对来说并不足够。部分农民专业合作社想要通过银行贷款解决资金不足，但同样面临窘境，存在着抵押物不足、信用担保难、程序复杂等问题，相应信贷担保机构提供的服务面不足，这些都对农民专业合作社的发展产生一定的影响。

五、农村社会组织参与有限

农村社会组织是乡村治理的主体之一，农村高质量发展和建设离不开社会组织的力量，农村社会组织承担了一部分政府责任，弥补了政府在乡村治理过程中由于缺乏专业治理工具而产生的治理缺失。然而就云南省范围来看，农村社会组织发展质量高低不一，规模偏小、结构松散、代表性不强、缺乏必要的经费和人才等，导致农村社会组织在乡村振兴中作用发挥孱弱。在一些较为落后的农村，除了村两委外几乎不存在其他农村社会组织，农村社会组织要参与乡村治理，发挥社会组织作用面临着巨大的挑战。

（一）缺乏群众基础，参与乡村治理活动开展难度大

农村社会组织是推进国家乡村治理体系和治理能力现代化的重要组成力量之一，是除基层自治组织外连接村民和政府部门的重要桥梁之一。但是从云南省来看，社会组织在农村社会的作用发挥不显著，参与程度有限。缺乏群众基础是其面临的最大挑战，云南省农民群体的总体思想文化水平不高，本土农民群体较多，对于社会组织的认识相对较少，多数农民并不了解社会组织的具体功能。因此，当社会组织参与乡村治理时村民往往面临困惑，不理解，群众认可度较低，群众基础不牢，协同治理难度较大。

（二）社会组织参与乡村治理积极性和能动性发挥不充分

从我国体制特点出发可知，社会组织同政府部门之间的关系较为复杂，也可以说是不明确，在一定程度上两者并不平等，甚至在特定情况下属于依附关系。在这样的背景下，社会组织进入乡村治理时往往出现角色定位不清晰，不知道自身参与的治理领域有哪些，边界在哪里。加上在农村地区，社会组织获取资源的能力相对较低，获取的途径也较为单一，过度依赖政府，这样的后果往往是以牺牲自身的自主性和独立性为代价，社会组织的价值和功能难以发挥，其参与乡村治理的能动性受限，积极性自然也会受到打击。

（三）农村社会组织规范化运行不足

现有的农村社会组织还存在着体制不健全、组织能力低、经验不足等问题，这些问题最终对农村社会组织参与乡村治理都带来了一定的挑战。

1. 体制不健全

主要表现在管理体制上，社会组织缺乏规范的组织章程、完善的组织结构框架以及健全的管理制度和监督机制，这是社会组织不能规范运行的主要原因，最终影响的是农村社会组织在乡村治理中的动员能力和服务能力。

2. 组织能力低

主要表现在农村社会组织没有完善的制度、明确的责任分工体系，缺乏相应组织能力和协调能力。

3. 经验不足

主要表现在管理上，农村社会组织对于政府的依赖性过大，缺乏自主性和群众性，独立开展社会治理工作的经验较少，使其在乡村治理中缺乏群众基础，影响其参与乡村治理。

如何破解这些问题，推进农村社会组织加大乡村治理参与力度，成为农村社会组织面临的巨大挑战。

（执笔人：赵丽　黄丽　谭鑫）

第五讲　路径之讲

第一节　强化基层组织主导作用

一、加强农村基层党组织管理

习近平总书记在党的二十大中再次强调坚持大抓基层的鲜明导向，抓党建促乡村振兴，加强城市社区党建工作，推进以党建引领基层治理，持续整顿软弱涣散基层党组织，把基层党组织建设成为有效实现党的领导的坚强战斗堡垒。云南省在推进组织振兴的过程中，积极强化农村基层党组织建设，在全面加快乡村振兴推进农村现代化的进程中贡献了云南力量。

（一）强化基层党组织领导干部人才队伍建设

在推进云南省组织振兴的过程，基层党组织干部人才队伍是“领头雁”“领头羊”。“支部强不强，关键看头羊”，云南省在强化基层党组织建设的过程中，始终坚定不移对干部人才队伍进行建设，着力培养高素质农村领导干部，加强领导班子建设，提升基层党组织的领导力。多渠道、多举措地锻造一批有理想、有信仰的基层党员干部队伍，鼓励高素质党员干部参与乡村振兴的工作，创造条件，将作风扎实、素养较高的基层干部放在对应岗位，促进其在乡村振兴工作中发光发热。同时，加大培训教育力度，深入强化党建引领“三农”工作思想观念，加大力度开展“领头雁”计划，为农村基层党组织打造一批高政治素养、高道德标准、高专业能力的带头人，提升基层党组织领导干部政治领导力。

（二）加大力度整顿软弱涣散党组织

农村软弱涣散党组织是分解我党在农村中战斗堡垒地位的重要因素，是弱化党组织的组织力、服务力、公信力以及政治力的关键，整顿软弱涣散党组织是现阶段全面加强农村党组织建设，强化基层党支部政治功能，提升其组织力，推进组织振兴的必然要求。云南省应加大党组织排查力度，扩大排查覆盖面，不怕暴露问题，采取多次反复的排查形式，全面且合理地排查软弱涣散党支部。对于排查出的党支部，采取“一对一”具体分析策略，分析各党组织存在的问题，针对相应问题采取相应措施，如采用主要领导干部挂联，实行书记第一责任制，将软弱涣散党组织整改责任落实到个人。采取结对共建、结对帮促，实现先进带后进、机关带基层等工作格局。同时还应完善党组织整顿工作监督机制，开展随机调研、驻点指导、挂牌督办、考核验收等方式，强化监督，实行动态管理销号制度，提升党支部建设水平。

（三）提升民族地区党建工作建设

云南省作为多民族大省，其民族地区的党建工作决定了云南省整体党建水平，在推进民族地区党建的过程中，应强化民族地区党员的党性教育，提升民族党员身份认同感，严格执行党的各项规章制度，开展党的各项组织活动，强化党员培育。同时强化民族地区党员干部领导作用，压实党建工作责任，落实到个人。开展具有民族特色的“主题党日”活动，注重从少数民族传统文化中吸取优秀文化创新民族地区党建工作。加强民族党建监督管理机制建设，动员党员干部加强学习党的先进知识理论，强化党员责任意识与义务意识，积极主动开展党建监督，为民族地区党组织建设建言献策。

二、加强农村党员队伍建设

农村基层党组织发挥战斗堡垒作用必须建设一批素质过硬的农村党员队伍。农村党员是党和国家事业的中坚力量，加强新时代农村党员队伍建设需要进一步强化农村党员的政治素养、优化党员队伍、规范管理党员。

（一）强化农村党员政治素养建设

“落实党内民主制度，保障党员权利，激励党员发挥先锋模范作用。严肃稳妥处置不合格党员，保持党员队伍先进性和纯洁性。”是习近平总书记对党员管理提出的新要求。云南省在加强农村党员队伍建设过程中，要将党员的政治素养建设放在首位，强化党员的政治意识。在实际工作中，各地党委结合本地实际，开展党员政治教育培训，切实用好党的“三会一课”制度，加强党的方针政策宣传教育。持续开展“不忘初心，牢记使命”主题教育活动，紧扣党员需要，结合实际，创新培训方式，开展党员培训。各地党组织要精心设计培训内容，完善师资队伍建设，整合资源，采取轮流培训方式开展“万民党员进党校”培训活动，做到每名党员至少轮训一次，将其纳入民主评议中，倒逼党员主动提升自身政治素养。

（二）优化党员队伍建设

优化党员队伍，最主要的工作是要做好发展党员工作。云南省乡村振兴，人才是关键。但是现今云南省农村外出就业人员较多，农村党员队伍年龄结构失调，队伍老龄化现状显著，因此，各级党委在优化党员队伍时应注重从返乡高素质人员，如大中专毕业生、致富能手、退伍军人等优秀青年中发现和培养入党积极分子，做好党员发展工作。同时积极吸收满足党员条件、符合要求的优秀积极分子，为农村党员队伍注入活力。有意识地培养农村基层后备党员干部，在实际工作中考察党员，将有知识、有能力、有道德、有理想情怀的党员纳入后备干部培养体系，为优化党员干部队伍做好准备工作。

（三）规范党员管理

《中国共产党组织工作条例》第十五条提出："党员管理应当严格做好党籍管理、组织关系管理、党费收缴使用管理、日常监督、组织处置等工作，加强和改进流动党员管理。结合不同群体党员实际，组织引导党员充分发挥先锋模范作用。"云南省在规范党员管理的工作中，应严格遵守《中国共产党组织工作条例》相关要求，将党员管理抓在日常，严在经常。严格执行"三会一课"制度，严肃党内政治生活，定期开展民主评议、"主题党日"活动等，规范化管理党员。对于现今比较突出的流动党员的管理，要积极探索流动党员管理制度，积极主动善用现代互联网平台，加大对流动党员管理力度，不遗漏任何一名党员。同时要完善党员联系群众制度，建立健全相应机制，促进制度落实落地，切实发挥党员作用，促进党员队伍建设。

三、健全基层组织制度

习近平总书记强调："严密的组织体系是党的优势所在、力量所在。各级党组织要履行党章赋予的各项职责，把党的路线方针政策和党中央决策部署贯彻落实好，把各领域广大群众组织凝聚好。"制度建设是我党永葆活力的基础，健全基层党组织制度建设，是实现党组织高质量发展的保障。云南省农村各党委要积极总结党建经验，因地制宜，以问题为导向，完善党组织各项制度。

（一）健全组织设置制度及管理制度

在组织设置上，结合实际优化支部设置，合理设置支部人数，根据工作性质和组织生活等开展的便利性，调整优化相应支部。

在组织管理上，完善领导干部"结对帮扶"，联系指导基层党组织具体工作制度，尤其是农村基层党组织中的软弱涣散党支部，结对帮扶支部以及领导干部要细化具体的帮扶措施，帮助解决软弱涣散基层党组织弱化问题。健全基层党组织请示报告制度，明晰各项请示报告事项，出台相应文件对需请示报告的事项进行明文规定，并下发至各级党组织，确保上下级党组织管理监督落到实处。

（二）完善组织运行制度

农村基层党组织要严格按照上级党组织出台的年度工作安排，有针对性地完善基层党组织的党建工作责任清单，将党建责任落实到个人，明确相应工作重点任务、细化落实具体党建措施、明确完成任务时限，压实责任，确保组织良好运行。积极采取基层党组织负责人担任"第一责任人"，其他班子成员履行"一岗双责"制度。完善组织运行分析研判制度，对重点工作、任务和制度的执行情况，开展支部内部的自查自纠，促进基层党组织提升自身的问题解决能力。贯彻落实民主集中制，确保党员权利落实，结合各地实际明确“三会”等研究决定重要事项的具体内容、实施程序和方法,并实行党务公开制度,确保党员权利得到落实。

（三）健全组织生活配套制度及监督制度

在组织生活配套制度上，上级组织要积极引导监督下级组织完善组织生活年度计划，明确年度重点事项、重点任务及具体工作，并将年度工作任务同相关的规定制度联系起来，为其实施奠定制度基础。健全组织生活报备总结制度，在组织生活开展过程中，坚持事前报备，事后总结，明确相应责任，提高组织生活效率。完善组织生活审查制度，严格监督支部制度落实具体情况，发现问题，纠正问题，保障组织生活正常开展。同时在开展组织生活的同时，还应健全组织生活的评价制度，在开展组织活动后，要及时开展党员评价组织生活，收集相关意见，为下次组织生活质量的提升做好准备。

在监督制度上，建立健全追责制度，基层党组织应在上级组织的指导下完善自身的追责制度建设，公开透明相应追责制度内容，明确相应的追责事项、方式方法，推动相应责任的落实。

在组织建设的过程中，要将党务公开制度贯穿全过程，全面梳理党务相关公开事项，确保在组织建设中党员的民主权利得到充分保障。

第二节　健全村民组织建设

一、强化村委班子建设

村民委员会在乡村治理中发挥着重要作用，是群众自我管理、自我服务、自我监督的重要组织。在推进组织振兴的过程中，要重点强化村委班子成员作用。

（一）加大力度建设领导班子

村民委员会在选拔村委班子的过程中，应采取较为权威、规范、公开公正的选拔制度，破除行业限制，多渠道、多方式严格按照规章制度选拔村委干部，通过民主选举，选出一批有能力、有情怀、有道德的村干部。让更多有能力的人参与到乡村治理的队伍中来。切实发挥自身能力强项，为群众提供更全面的服务。

（二）大力提升村委领导班子综合素养

加大支持力度，完善资金支持、人员支持，开展村委领导班子常态化培训。同时积极实施村党组织带头人整体提升优化行动，做好村委干部的培养教育工作，提高村委干部的思想政治素养和科学文化水平。通过各类农业实用技术的培训和教育，让村委领导带头担当作为，带头履职尽责，带领农民增收致富。

（三）提升村委团结意识建设

村领导干部要做好村民的领导作用，积极宣传，村委干部和村民代表应加强同群众之间的血肉联系，树立从群众来到群众中去的团结意识，进一步提升村委办事能力。同时加大力度宣传民主团结意识，不断强化为民服务能力，积极带领农民群众参与乡村治理。在工作中建立起与村民交流的纽带，通过这个纽带积极宣传党的路线、方针、政策。

二、构建多层次协商格局

党的二十大中指出，基层民主是人民民主全过程的重要体现。构建以村民组织为基础的多层次协商格局，是村民切实行使自身权利、维护自身利益的重要方法，是健全村民组织建设的核心要点。农村社会多元治理体系的构建要坚持民主协商理念贯穿其中，厘清各治理主体之间的关系。

云南省在推进村民组织协商上要以多方面、多角度、系统化建设为目标，不断探索和实践，形成多层次协商格局，才能在各个治理主体之间形成共商共建的网络管理，有助于为构建多层次的民主协商体系奠定坚实基础。

（一）推进基层协商民主法治化

相关部门积极完善基层协商制度，在法律层面上配套制度供给，优化协商制度，以法律形式明确基层协商权利，为基层协商平等化创造条件。依法明确协商议题选择，推进议题动议机制的法定化。建立健全协商代表机制的法制化构建，最大限度地保障协商民主性，维护群众利益。同时以法律形式设立基层民主协商程序规则，建立健全具体的、与实际情况相符的配套程序机制，明确表明议事规则，设立专门机构开展协商活动，健全监督评价法治体系，推进程序规则法制化的实现。

（二）提升组织和群众协商意识

加大协商宣传力度，利用各类宣传活动，积极宣传多层协商议事，提升各类组织和广大干部群众的协商理念，切实增强协商意识。党委、政府要起总揽全局作用，大力宣传民主协商，向大众宣讲民主协商的重要意义及其重要性，从自身做起，坚持在决策之前和决策实施过程中开展协商。同时相关部门应引导建立地方协商平台，拓宽乡村治理参与渠道，积极主动听取和吸纳各方的意见。引导组织和个人遵守协商理念、精神及协商规则，加强对民主协商制度的认同感，提升协商意识，让农民群众真正理解民主协商的内涵，共建协商社会氛围。

（三）健全协商运行机制

完善协商参与者选拔机制，扩充选拔层面，积极引导社会组织参与民主协商，为农村发展建言献策。完善协商议题遴选机制，鼓励参与人员从群众利益出发，结合现有农村发展相关问题，有针对性地发起协商。完善协商结果反馈机制，及时、主动向社会大众公开相关信息，并收集相关参与者意见，开展协商评估，意见收集，对于反响强烈的协商结果，及时开展二次协商。同时要健全规章制度，确定参与主体、协商内容、协商程序以及做好协商结果的记录等。积极完善内部制度体系，进一步重视和加强协商信息公开制度建设。细化协商工作职责，推进“一事一议”，分重点、分层级有针对性地解决村民问题。

三、完善工资报酬机制

合理的薪酬是村民自治组织工作人员按时按质按量完成工作的保障。支书、主任、合作社理事“一肩挑”政策规定下，只有制定完善的工资标准，才能激发村级干部参与乡村治理的内在动力，为乡村振兴基础工作提供人才保障。完善工资报酬机制，逐步建立基层组织工作人员的报酬增长机制，可提高基层工作人员的积极性。

（一）岗位薪酬定岗定级

对村干部岗位薪酬进行定岗定级，按照工作年限、能力大小、文化水平等因素的不同设置工资标准，不同岗位有不同的工资。将年度考核奖与村年度工作目标责任制完成情况相挂钩，激发村委干部的工作激情。

（二）完善村干部工资制度

完善村干部基本工资构成、奖金和各类补贴制度，严格按照相关规章制度，实行财政统筹支付。建立与村干部、基层工作人员相匹配的工资薪酬体系和晋升渠道，保障村委干部基本生活的同时，完善其发展通道，让其看得见眼前，又能展望未来。对于临聘人员，要完善工资发放制度，建立专项资金，按时发放工资，不拖延；同时改革薪酬体制，调整最低工资标准，可实行按劳分配制度，激励村委干部的内生动力，助力乡村振兴。

（三）要完善养老保险制度

农村基层工作人员的养老保险制度是基层工作人员的养老保障，完善村干部在职期间的工资薪酬体系的同时，要充分考虑离职、退休村干部的养老问题，让村干部没有后顾之忧。有条件的地区可从村集体经济组织资金中拿出部分为村委干部购买保险，而其他没有条件的地区可实行政府部门垫付，解决村两委人员的养老保险，既完善了农村人才保障政策，又稳定了村两委人员，一定程度上“留住”了村委成员。

（四）完善村干部奖励制度

在工作中结合实际，建立健全奖励制度。要坚持表彰先进和鞭策后进，结合实际不断创新工资报酬奖励制度，切实增加村干部的工作报酬。从上到下，构建一整套的奖励机制，就村而言，可以从村集体资金中拿取一部分设立专项资金，用于村干部年终奖励的发放和各类生活补贴来激励村干部为民做实事的决心。

第三节　创新农村集体经济组织运行机制

一、明确集体经济组织市场主体地位

明确农村集体经济组织的市场主体地位是发展、壮大集体经济的前提，有利于推进乡村振兴。

（一）明晰农村集体经济组织的法律地位

地方政府要推动农村集体经济立法工作，做好政策法规的顶层设计。进一步规范法律文件，为村集体运行提供法律依据。同时完善法律法规，进一步明确农村集体经济组织的法人地位，使得农村集体经济组作为完整的市场主体参与市场活动，明确划定农村集体经济组织的管理部门。

（二）明晰农村集体经济组织的职能定位

农村集体经济组织兼具生产、服务、经营等多重功能，在基层党政机关的领导下承担生产服务、市场营销以及确保村集体资产增值保值功能。要进一步厘清党支部、村委会和集体经济组织之间的关系，突出农村集体经济组织的经济功能的同时，采取一系列措施，让农民广泛、充分地参与到农村集体经济组织的管理和运行之中。

二、强化集体经济组织内部治理

农村集体经济组织要坚持正确的工作方法，强化内部治理，提高运行效率。

（一）要坚持基层党组织的领导地位

农村集体经济组织不能脱离农村基层党组织而独立运行。村集体经济理事会成员必须通过民主选举产生；农村集体经济组织要向村党组织定期报告运行状况；村党组织要清晰村集体组织的运行状况、资产情况；组织之间相互配合提高治理效率。

（二）借鉴先进地区集体经济组织的运行模式

创新集体经济组织内部治理模式，完善利益联结机制、利益分享机制，将农户与股权联系在一起，通过村集体经济组织，让农民成为现代农业的参与者、利益共享者。

（三）整顿软弱涣散的农村集体经济组织

一方面，对于生产效率不高、经济功能发挥受限的组织要集中力量、重点突破，规范村集体运行机制，做好监督和管理，加大支持力度，引导发展。另一方面，完善农村集体经济

组织的退出机制，做好破产清算、资金核算等工作，在产权归属清晰的前提下厘清农村生产市场关系，激发农村生产要素，最终实现农民增收。

三、健全集体经济组织管理机制

促进农村集体经济组织规范健康发展，必须建立健全规章制度。

（一）规范集体经济成员核定机制

规范认定流程，认定标准。坚持遵守法律和政策的原则；坚持尊重群众意愿、民主决策的原则，出台相应地方性法规或政府规章，制定地方指导意见，依据村规民约进行民主决策，做好村集体组织成员认定工作。

（二）做好村集体资金管理机制

全面厘清集体经济组织资产情况，做好资金统筹工作，规范集体资金的管理工作。切实做好管理人员的审计和绩效评价工作，加强财务监管，提高资产运行效率，管好村集体资金，盘活固定资产。设立专业人员进行资金筹集、资金管理、投资决策，通过董事会成员决议，经过相关部门协商一致，确保资金应用决策的科学性、规范性。

（三）加强监督机制建设

一方面，基层政府针对农村集体经济组织设置专门的监督管理部门，增加外部审查环节，重点对村集体经济中村集体资金使用情况进行抽查。另一方面，村集体经济组织内部要加强监督，避免理事会成员占用村集体资金，以权谋私等情况的出现。

第四节　多措并举促进农民专业合作社发展

党的二十大报告中指出：“巩固和完善农村基本经营制度，发展新型农村集体经济，发展新型农业经营主体和社会化服务，发展农业适度规模经营。”而农民专业合作社作为农户自愿参与的互助性经济组织，其在促进农村经济发展和构建和谐乡村社会等方面具有不可替代的特殊功能，也在发展现代农业中发挥着重要的引领作用，多措并举促进其发展具有重要的现实意义。

一、规范提升合作社发展质量

（一）依法严格规范化建设合作社

严格的法律程序是农民专业合作社规范发展的基础，需要明确农民专业合作社规范化建设标准，对农民专业合作社的设立进行严格的专业资格审查，避免出现“空壳社”“僵尸社”。同时依法构建“绿色通道”，促进农民专业合作社发展，有针对性地为农民专业合作社提供便利。各地党委、政府要积极引导农民专业合作社依法建立健全各地农民专业合作社发展章程和制度，合理设置合作社组织机构、社员结构；加大力度建立健全规范性的财务和会计制度，明确合作社分配制度，推动《农民专业合作社财务会计制度（试行）》的贯彻落实。以合作社和广大农业生产者的内在发展意愿为主，实施适当、灵活的政策措施，鼓励和支持其拓宽现有服务领域，延伸服务内容，提高合作社现有服务质量，提升竞争力。

（二）整顿农民专业合作社

各地出台相应整顿措施，积极开展专项整顿，消除“空壳社”“僵尸社”，通过简化注销法人资格程序，及时整顿“空壳社”“空心社”；细化相关规定，各地结合自身发展实际，制定相应合作社发展建议和意见等，指导农民专业合作社规范化发展，有关部门及时查处整改不合规定的农民专业合作社，净化其发展环境。推进农民专业合作社发展还需加强外部审计工作，定期审计合作社经营状况和社员权益变动情况，发现处于悬置状态的“空壳”合作社，“因社施策”，有关部门给出相应处理意见，对于发展能力不足的农民专业合作社为其提供相应帮助，对于拒不整改的农民专业合作社则吊销营业执照。同时，清理工作应先进行小范围试点，以探索精准识别“空壳”合作社的有效策略，因为有些“成功套取”扶持资金的“空壳”合作社，往往表现为“制度健全、账目清楚”，可能会成为“漏网之鱼”，因而要既避免“漏网”又避免“误伤”[①]。同时加强监督，组建农民专业合作社发展监督委员会，定期或不定期对农民专业合作社开展督查；加强指导力度，推动农民专业合作社内部完善监督机制，指导其定期开展“三会”（社员大会、理事会以及监事会），确保监事会充分发挥其监督职能，维护农户权益。

（三）完善利益分配机制

农民专业合作社要坚持交易额分配原则和资本报酬有限原则，合作社的利益是劳动者在生产过程中创造的，应该由劳动者共享。云南省各地农民专业合作社应在各地党组织、政府的引导指导下加强自身制度建设，统一出台利益分配机制，利益分配方式、时间、分配项目和分配比例等，合理规范利益分配行为，严格按照《中华人民共和国农民专业合作社

① 沈佳瑛、李倩玮：《浅谈农民专业合作社“空壳化”的形成原因及调适策略》，《农业经济》2021 年第 12 期，80-81 页。

法》规定“按照合作社和成员的交易比例进行返还，分配总额不能少于可分配利益的百分之六十……”同时充分尊重合作社的发展空间和自由权，制定实施合作社发展细则和相关条例，在一定范围内允许其随意分配利益[①]。加大支持力度，将合作社利益分配政策充分纳入合作社考核评价体系中，注重对弱势农户利益的保护，加强合作社内部利益分配制度的立法和监督，形成规范合作社盈余分配制度[②]。完善政府部门管理机制，审计部门规范合作社相关制度，引导农民合作社重视内部审计，加强内部审计工作，强化监督功能，相关部门加强对合作社的财务制度和利益分配制度进行管理。农民专业合作社要强化内部管理规章制度，详细明确监督管理的具体方法和手段，组建财务监察组，监督农民专业合作社利益分配制度的执行。

二、拓展服务领域提高服务能力

（一）以联合社为导向，强化农民专业合作社之间的合作

以联合社为导向，推动专业性和联合性的农民专业合作社整合，加大支持力度支持培育专业化的农民合作社。鼓励现有农民专业合作社开展社会服务，联合不同类型合作社组建联合社，支持联合社通过兼并、合并等方式对组织进行重组和资源整合，制定相应政策引导、支持、培育具有竞争力的农民合作社，强化其服务功能，如引导农民专业合作社创办现代物流类和服务类的联合社，为现代农业提供全方位服务。鼓励发展类型相似，区域相近的农民专业合作社联合组建联合社，扩大合作社的生产经营规模，同时能够较大程度上降低农业生产成本，切实提升服务能力。鼓励支持家庭农场、小农生产组建或是加入农民合作社，提高市场议价能力，增强市场抗风险能力。

（二）强化农民专业合作社服务能力

各相关部门应加大力度支持合作社在农业生产销售关键环节的能力提升建设。鼓励农民合作社充分利用本地特色资源，带动群众打造本地特色产业；鼓励有条件的合作社建立自己的生产基地，培育打造本土特色农业品牌；支持鼓励农民合作社开展农特产品初加工、仓储物流、技术指导、市场营销等。同时延伸农业产业链条，拓宽“三农”服务领域，打造特色产业全链条。支持农民合作社拓展业务，鼓励从产中向产前环节延伸，向新产业、新业态延伸，鼓励农民合作社开展托管服务，探索参与合作式、菜单式、保姆式、“保底＋分红”式等农业生产托管服务模式，推动实现服务规模经营。同时支持农民合作社主动承接政府购买服务项目，积极参与农村人居环境整治行动，加强农民合作社在农村经济发展、生态环境建设方面的建设力度，推进合作社发挥自身服务能力参与进农村公共基础设施建设和运行管护。

① 马晓红：《农民专业合作社利益分配机制研究》，《农业经济》2015 年第 7 期，27-28 页。

② 屠文娟、钟辉、徐兰：《基于供应链视角的农民专业合作社利益分配机制研究》，《江苏大学学报（社会科学版）》2019 年第 21 卷，第 4 期，67-76 页。

三、加大金融支持力度促发展

（一）政府加大财政项目支持

坚持把农民合作社利益联结、带农益农效果作为培育扶持农民合作社的核心指标，以县为单位建立农民合作社重点培育项目库。各地县级财政部门应完善统筹整合财政涉农资金相关制度，加大农民合作社的扶持力度。将农民合作社作为建设各类小型项目的管护主体并予以一定的财政支持。鼓励支持符合条件的农民合作社积极主动参与进高标准农田建设项目、农技推广项目等涉农项目中。适当奖补申请并获得农产品质量认证、品牌创建的农民合作社。

（二）积极探索金融支持

鼓励支持金融机构建立健全农民专业合作社职能定位和业务范围评定机制，通过评定机制判定向合作社提供一定的金融支持，同时引导金融机构加大投入，支持农民合作社构建信用评价体系。相关金融部门同时应鼓励涉农信贷担保机构创新并开发相应的担保产品，通过加大农民专业合作社的担保服务力度，采取试点形式，对现阶段符合条件的农民专业合作社进行授信服务，适度放宽贷款条件、简化贷款手续。同时可适当实行利率优惠，扩大抵押物贷款范围，增加支持方式，解决合作社融资难、融资贵等制约农民专业合作社发展的尖锐问题，如以抵押扶持方式支持合作社发展。同时结合现代科技，完善网络贷款平台建设，开发推广手机“云企贷”，利用信息平台系统，点对点提供信贷、保险等服务。支持各地农民专业合作社结合自身发展现状进行农业保险探索，以满足各地农民专业合作社多层次、多样化的需求，同时可切实增强合作社的抗风险能力，提升合作社成员的生产积极性。

第五节　建立健全农村社会组织参与机制

一、完善社会组织参与平台建设

构建“三治合一”的乡村现代化治理体系，必须要畅通农村社会组织参与乡村治理的渠道，通过渠道的搭建可以使乡村治理主体功能作用最大限度发挥，可以加强各类社会组织间的沟通交流，完善农村社会组织参与乡村治理的平台建设，优化服务工作，有效推进美丽新农村的建设。

（一）坚持分类管理

不同的农村社会组织参与乡村治理的功能有所不同，农村社会组织通过不同的参与渠道参与乡村治理呈现的效果也有所不同。推进乡村治理进程要根据社会组织的类型和特性进行调整，不能完全运用一套模式，在管理上要坚持分类指导。对于提供公共服务职能的社会组织，如老年协会、妇女协会等，政府及相关部门应该弱化对其的行政能力，厘清该类组织的服务职能，使其农村社会提供公共服务最大化，同时接受社会大众的监管。对于政府扶持的公益性组织如慈善机构，政府应该加大资金投入，保障该类组织能够顺畅运行。对于发挥生产性经营服务的合作组织，政府应该支持其开展各类生产经营活动，鼓励其发展。

（二）搭建村民能够参与的平台

平台的搭建基于农村社会组织能够进行民主协商，村民能够畅通的表达利益诉求。秉承着服务村民的理念，确保村民的诉求有人听、有人管，确保具体措施有人做，要加大力度推动参与平台真正落地。一方面，利用现代互联网平台开展相关活动，以活动的形式汇集当地农业社会组织，各组织通过交流沟通，学习本地发展良好的农村社会组织的优秀管理、运营经验，互促互进。另一方面，可以对接整合大数据。通过网络平台等多形式搭建便民平台。相应的农村社会组织可以通过运行线上 App 或第三方平台提供相应的服务，提高办事效率，使得农村社会组织的运行更智能、更方便、更快捷，为社会组织参与提供更多可能。

（三）完善责任机制

要建立健全平台群众服务机制，问题收集反馈机制、事项机制，加强监督管理。通过定期总结平台服务质量，不断完善服务功能，努力创新，不断推进平台发展。

二、引导激励社会组织积极参与

（一）加强对社会组织的宣传推广

对于发展中的农村社会组织，通过增加宣传渠道，不限于传统的口头宣传、政府公报宣传，可以融入软文宣传、社交平台宣传以及视频宣传等新媒体元素。通过多渠道宣传增加社会组织在村民中的曝光度，引导村民参与到组织中来，引导“乡村能人”参与到组织中来，扩大社会组织的影响力，而后反哺乡村治理。

（二）激活社会组织活力

新格局下，社会组织的壮大和相对独立性及党的基层组织的相对松散，弱化了党的执政基础。因此，要实现社会组织的优势功能需要强化社会组织中党组织的建设，应加大力度补全社会组织中基层党组织的空白部分，强化党组织建设，增加党组织在社会组织中的覆盖率，严把党建“入口关”。在社会组织申请成立时，应对社会组织中的党员数量、章程等进行资格审查，助力党建与社会组织登记同步开展。对于已经成立的社会组织，定期开展党建审查评估，摸清基本党建情况，将党建作为评价指标，推动党建引领社会组织发展[①]。此外，通

① 白启鹏、宋连胜：《新时代社会组织的功能定位与发展路径》，《天津行政学院学报》2019 年第 21 卷，第 3 期，77-85 页。

过行政化改革及公益项目等，将政府推动成立的社会组织等农村社会力量动员起来，使其成为社会组织运作的社会基础，激活社会组织的整体活力参与乡村治理 。

（三）营造社会组织发展环境

多形式为社会组织营造良好的生态环境，鼓励各地政府与社会组织建立契约关系，购买社会组织社会服务。引进有较强影响力的支持类社会组织，协助政府孵化和培育本地社会组织。同时加大力度完善社会组织的监督评估机制，加强事中、事后监管和执法力量，打击违法违规行为，维护社会组织发展环境，为社会组织积极参与创造条件。

三、多举措发挥社会组织协同力量

（一）强化政策制度与社会外部支持力度

完善政府制度支持，建立帮扶政策，构筑具有较强包容性的制度框架，引导、支持、规范社会组织参与乡村治理。准确定位政府角色，加大力度调整和优化社会组织相关制度，利用多种途径听取社会组织相关利益诉求，出台相应公共政策，推进社会组织参与乡村治理，充分制定社会组织参与的准入条件、范围及方式等，打造完整健全的政策链条。支持各地政府出台适应本地社会组织发展的规范性文件，指导社会组织参与社会治理；同时在税收和财政上给予社会组织大力支持，促进社会组织参与社会服务，坚持法治建设，立法先行，形成规范的权责体系，使社会组织走上规范化和制度化道路。加大力度培育发展社会组织，重点培育发展社区服务类社会组织，支持和鼓励社会组织开展公益服务。大力推进基层慈善组织建设，引导和支持公益慈善类社会组织拓展资金募集渠道，增加公益性支出，加大支持力度培育壮大一批具有品牌影响力，社会信誉度较高的社会公益社会组织。完善健全并落实社会组织公益性政策，推动优惠政策落地。加强培育志愿服务组织，推动社会工作服务机构发展。支持引导成立社会工作服务机构，开展专业化、精细化服务。强化枢纽型、支持型社会组织建设发展，鼓励其参与乡村治理。

（二）提升社会组织内部治理效能

健全社会组织内部治理制度，依法完善社会组织法人治理机制，因地制宜制定社会组织发展章程，明确社会组织发展方向及服务范围，完善社会组织参与治理评估建设，打造多元评估体系，提升社会组织治理效能。同时强化社会组织专业人才队伍建设，提高社会组织成员专业职业素养，积极吸收接纳具有专业知识、拥有专业能力的人才参与社会组织，大力提升社会组织的服务能力；发挥专家咨询论证作用，邀请相关专家开展咨询服务，提升社会组织综合研判能力。鼓励社会组织开展技能培训，提升社会组织相关能力建设，鼓励支持汲取新发展理念，提升实践治理能力。此外，健全社会组织内部激励机制是提升社会组织内部治理效能的重要手段，要完善建立组织层面同个人层面的激励机制，健全薪酬管理机制，有规划地调整各项激励策略，如物质激励、职位激励等；同时须制定完备的薪酬体系及职称评价体系，为社会组织发展提供“人”“财”“物”等方面的支持，努力提升个人对于组织的认同感和归属感，强化内生发展动力。

（三）完善协同共治机制

政府部门要打破传统自上而下的“单中心”治理思维局限，树立互信互动思维，践行协同共治理念，激发社会组织协同治理内在动力，构建常态化对话机制，积极主动开展对话协商，充分利用现有互联网技术，创新协同治理平台，打造现代化交流平台，完善“政社”沟通机制，推进“政社”交流合作。建立完善“社会组织孵化器”，创新“政社”合作模式，通过相应的优惠政策培育发展社会组织，搭建平台，共享社会资源，整合社会组织，打造“政社”联动运行机制，提高社会组织参与乡村治理能力。完善社会组织监督机制建设，改变传统社会组织监管方式，推动政府同社会组织双向平等监督，政府加大对社会组织的监管力度，充分监督社会组织公开透明参与政府协同治理。同时及时更新社会组织相关信息内容，引导现代传媒组织加大对社会组织的社会监督，打造社会组织信用体系，凭信用参与政府购买社会服务项目。社会组织加大力度完善自身内部财务管理机制，自觉提升自身监督水平，完善自我监督机制建设，推动相关信息公开透明化建设，打造权责明确的乡村社会治理主体。

第六节　完善“三治”以推进平安乡村建设

一、建立健全村民自治

村民自治是维护基层社会稳定的重要组成部分，是维护基层民众合法权益的主要主体，也是推动农村基层民主政治建设重要力量。同时村民自治制度是促进村民参与乡村事务、完善现代乡村社会治理体制最重要的保证，更是乡村振兴的重要环节和重要制度保障。

（一）理顺“村两委”关系

作为党在农村基础的基层党组织，是党联系基层群众、团结群众、动员群众和组织群众的主要力量，是党的战斗堡垒，是党全部工作和战斗力的基础。农村基层党组织建设的好坏直接影响党的凝聚力、影响力和战斗力，农村基层党组织作为党同群众之间的联系纽带，是党的理论方针政策的直接执行者，是乡村振兴战略走好“最后一公里”的关键所在。在推进“三农”工作过程中，农村基层党组织要严格按照《中国共产党农村基层组织工作条例》开展工作，严格按照党规条例明确村级党组织职权和职责，坚持党的领导地位不动摇，明确党是农村经济健康向上发展的根本保证，强化“党政军民学，东西南北中”思想意识，明确党统领农村全部工作的开展。在我国，村民自治委员会是村民自我管理、自我教育、自我服务和自我监督的主要主体，是民众行使其民主权利的重要主体，由村民民主选举产生，村民委员会严格依据《中华人民共和国村民委员会组织法》规定开展工作，处理本村公共事务和公益事业、调解民间纠纷、协助维护社会治安、反映村民意见、向上级提出建议等方面的任务。理顺两者之间的关系，需要明确基层党组织建设的突出位置，其把握乡村工作的主要发展方向，是“三农”工作的“车头”。火车快不快，全靠车头带，基层党组织建设是首要任务。而村民委员会是群众依法行使自身权利、维护自身权益的重要主体，其在基层党组织的领导下开展工作，村党组织书记和村民委员会主任“一肩挑”制度的持续推进，进一步强化了党对农村工作的全面领导。因此在这过程中，更要将两者关系厘清，避免基层民主政治建设和党的领导二者之间关系的模糊化，出现“一把抓”“争着管”“两不管”现象的出现[①]。

（二）强化村民自治能力建设基础

村民自治能力具体指的是村民自治的“民主选举”“民主管理”“民主决策”“民主监督”能力。而当前，农村人口大量外流，乡村“空心化”日益加剧，乡村治理缺少主体。因此，在村民自治过程中，村民权利更容易受到侵害，村民自治能力受到制约，同时高素质治理主体的缺失，降低了参与乡村村务管理的村民整体素质。因此在推进云南乡村振兴过程中要更加强化村民自治能力建设。

1. 要强化基层党组织领导

进一步提升村党组织的凝聚力和领导力，强化党员教育管理，全面落实“三会一课”等制度，推进基层党组织充分发挥其领导农村工作的主体地位，为村民自治提供良好的组织基础。

2. 要提升村委会服务功能

各地通过发展壮大村集体经济，壮大村集体资产，为村委会服务功能的扩展提供充足的资金支持；同时“引留”相关专业人才进驻村委会，强化村委队伍建设，参与乡村治理，为村民自治提供专业服务，提升村民自治能力建设。

3. 要加大村民自治意识宣传教育

通过多样化的宣传手段、互联网等向群众宣传《中华人民共和国村民委员会组织法》，增加群众对于村民自治的认识，为村民自治奠定良好群众基础。提升群众参与感，推进村委会依法开展选举、管理、决策和监督等功能，促进村民自治能力提升。

（三）创新健全村民自治机制

（1）通过健全村党组织的领导机制、协调机制及服务机制，进一步完善“村两委”同村民之间的互动机制。

（2）全面依法公开透明村级选举机制，完善民主选举机制建设。

（3）依法明确界定“村两委”决策范围、程序、决策方式等，推进民主决策机制的完善。

① 郭元凯等：《组织振兴——构建新时代乡村治理体系》，中原农民出版社，红旗出版社，2019。

（4）各村依法管理村级事务，制定村务公开机制、社会组织参与机制等，健全民主管理机制。

二、深入贯彻法治理念

乡村振兴，法治为本，要把乡村治理各项工作纳入法治化轨道，更好地统筹多方社会力量、调节个体利益关系、规范生产生活行为。尤其是要把实践中的成熟经验转变为制度，以“良法”求“善治”。法治是人类进步的重要标志之一，是我国治国理政的基本方式。法治兴则民族兴、法治强则国家强。

党的十八大以来，国家出台了法治建设的相关文件和纲要，其中以中共中央、国务院印发的《法治政府建设实施纲要（2015—2020 年）》为主，云南省结合实际制定了《云南省法治政府建设规划暨实施方案（2016—2020 年）》。实施五年以来，云南省多措并举，狠抓落实，在法治政府建设上取得新成效，增强了党对法治政府的领导，各项制度体系日渐完善，执法水平得到有效提升，权利监督机制得到有效强化。

新发展阶段，云南省要实现高质量发展，实现组织的全面振兴，更加需要站在长远的角度，结合《法治中国建设规划（2020—2025 年）》以及《云南省法治政府建设实施纲要（2021—2025 年）》，从云南省法治建设的实际出发，补齐短板，克服困难，推动实现法治建设进一步发展，法治理念进一步提升。

（一）充分认识法治建设对于乡村建设的重要意义

党的十八届四中全会审议通过的《中共中央关于全面推进依法治国若干重大问题的决定》指出，法治是治国理政的基本方式，是国家治理体系和治理能力的重要依托。我们党从建党之初就高度重视法治建设的重要性及其地位，其中党的十五大提出了依法治国、建设社会主义法治国家，并强调依法治国是国家长治久安的重要保障。党的十六大则提出要将人民当家作主同依法治国有机统一。党的十七大提出依法治国是社会主义民主政治的要求，要全面落实依法治国基本方略，加快社会主义法治国家建设。党的十八大强调要更加注重发挥法治在国家治理和社会管理中的作用。同时《乡村振兴战略规划（2018—2022 年）》的出台，更加明确要推进“乡村法治建设”，充分说明了法治建设已经成为乡村治理中的重要环节。因此，要引导群众充分认识法治建设乡村的重要意义及地位，加大力度增强基层干部法治观念，树立法治意识，引导群众学法、守法、尊法、用法，强化法治建设在“三农”工作各方面地位的认识。党的二十大指出：“全面依法治国是国家治理的一场深刻革命，关系党的执政兴国，关系人民幸福安康，关系党和国家长治久安。必须更好发挥法治固根本、稳预期、利长远的保障作用，在法治轨道上全面建设社会主义现代化国家。”这些无不体现坚持法治建设的重要性，要把法制建设贯彻乡村振兴的全过程，推动农业农村高质量发展。

（二）完善相应法律法规

习近平总书记在十九届中央政治局第三十五次集体学习时指出：“目前我国法治体系还

存在着法律规范体系不够完备，重点领域、新兴领域相关法律制度存在薄弱点和空白区。”习近平总书记在二十大就加快立法发表了重要论述：“推进科学立法、民主立法、依法立法，统筹立改废释纂，增强立法系统性、整体性、协同性、时效性。完善和加强备案审查制度。坚持科学决策、民主决策、依法决策，全面落实重大决策程序制度。”现阶段，云南省已经解决了绝对贫困问题，开启全面乡村振兴，为推进乡村全面振兴需要加快农村土地制度改革、集体产权制度改革、农业绿色发展、现代乡村治理等领域的法律建设，积极推进《中华人民共和国乡村振兴促进法》《中华人民共和国农村集体经济组织法（草案）》《中华人民共和国农民专业合作社法》《中华人民共和国农村土地承包法》等相关法律的修订和完善。同时加大力度推进农村宅基地“三权分置”制度，推进新兴产业相关立法工作开展，推进新型产业发展有法可依、有法必依，探索农村集体经济相关法律制度建设，助力云南省“三张牌”战略开展，实现乡村振兴。

（三）加大力度开展普法

大力开展法制宣传，开展实施法律宣传活动，如“法律进乡村”“万名律师进街下乡”“送法下乡”等活动，增强法治宣传教育，提升村民法治素养，引导群众树立依法办事、依法解决问题，营造良好的依法良治环境和社会氛围。同时推动落实“谁执法谁普法”责任制，拓宽法律教育内容，创新法治宣传教育方式方法，合理利用现代科学技术手段开展法律教育，并且加大保障投入，推进普法教育立法开展，增加普法人员保障等，树立法治观念，法治思想，贯彻推进乡村法治理念。

三、大力提升德治水平

德治是一种“软治理”模式，其作为乡村治理的辅助工具，相较于法律来说，调整的社会关系较宽泛，在治理上能够取得较为良好的效果[①]。主要通过深入挖掘乡村社会中存在的传统优秀道德力量，以及村规民约等社会规范来弘扬中国特色的社会主义核心价值观，增强乡村发展软实力。云南省在推进乡村振兴过程中，要因地制宜，结合各地传统文化和民族文化，大力提升德治水平。

（一）加强乡村社会公德建设

通过对村民公共责任意识的培养，增强村民公共利益责任意识，推动村民自发维护乡村公共财产、公共资源，自觉爱护公共人居环境等，提升维护公共利益的责任意识；强化道德舆论监督作用，对个体道德行为进行引导监督。同时依法完善建设实施村规民约，因地制宜，问“规”于民，充分吸纳群众意见，引导村民树立村规民约意识，树立村规民约价值导向，发挥村规民约作用，将村规民约内化为村民思维方式。

---

① 冯留建、王宇凤：《健全自治、法治、德治相结合的乡村治理体系》，《中国高校社会科学》2021 年第 4 期，64-72 页，第 160 页。

（二）构建新型乡村德治模式

古代德治主要是礼治，因为“皇权不下县”塑造了农村地区家户、家族自我治理和自我约束的治理模式，成为古代乡村德治的主要模式。而近代农村改革实践中，主要以改造旧的国民意识即小农意识为重点，通过各类教育宣传手段，使得传统习俗开始得以更迭，形成了近代乡村德治模式。中华人民共和国成立后，中国特色社会主义法治体系开始建立完善落实，德治模式由传统礼治转向为“德法相济”的现代乡村德治模式，传统乡贤治理转为新乡贤治理。“人无德不立，国无德不兴。”乡村德治成为新发展阶段“三农”工作的发力点[①]。

在党组织领导下，通过强化村规民约建设，结合各地实际，深挖内藏于群众心中的道德规范，使其成为可以帮助维持乡村社会秩序，调解邻里矛盾纠纷，约束村民行为举止等的具有差异性的乡村道德规范。同时与时俱进，挖掘除具有“贤”品质外还具有专业知识和专业技术的新乡贤，“引留”其成为乡村治理的主要主体。加大家风村风建设，促使优良家风成为提升村民精神动力的来源，成为乡村村风建设的基础，形成优良村落风貌。加大力度开展优秀传统文化、传统仪式活动，填补农村文化建设空白区，潜移默化提升村民道德信念，使其成为推进德治建设的重要支持力量。

（三）加强群众思想道德建设

开展乡村道德评选活动，建立健全乡村道德评议机制，推进乡村道德评议常态化、制度化和规范化。在党组织领导下建立道德评议委员会，因地制宜通过民主选举，选出思想道德素质较高、群众基础较好、说服力较强的人员组成评议会成员，重点推荐老党员、退休人员、新乡贤等担任评议会委员，规范评议机制，完善评选方法，做到公开透明。同时发挥党员先锋模范作用，抵制封建迷信活动，加大力度宣传科学文化知识，积极动员群众树立科学观念，抵制迷信行为。加大整治力度，整治封建迷信活动，整顿农村文化市场，树立文明新风。强化农村移风易俗文明建设，完善移风易俗机制建设，加强宣传教育，采取多种宣传方式，开展专项整治工作，加大力度打击妨碍公共秩序，影响公共安全，侵害公众利益的封建迷信活动，大力倡导文明新风，抵制大操大办，整治“高价彩礼”等不良习俗。对村民进行教育和引导，推进村民形成社会主义核心价值观，营造移风易俗良好氛围感，形成清新简朴社会风气。

四、推进平安乡村建设

马斯洛需求层次理论中，安全需要排在第二层级，位于金字塔低端，并且指出：需要层次越低，力量越大，潜力越大。满足高级需要之前需要先满足低级需要，因此在乡村治理过程中，除了生理需要外，需要解决的是安全需要。安全是极为重要的民生，是农村发展的基础环境。云南省在推进乡村振兴以及组织振兴的过程中要持续开展扫黑除恶专项斗争，大力整治治安乱象，完善农村社会治安防控体系。

① 姜珂：《乡村振兴视域下新型乡村德治建构的若干问题》，《伦理学研究》2021年第5期，33-40页。

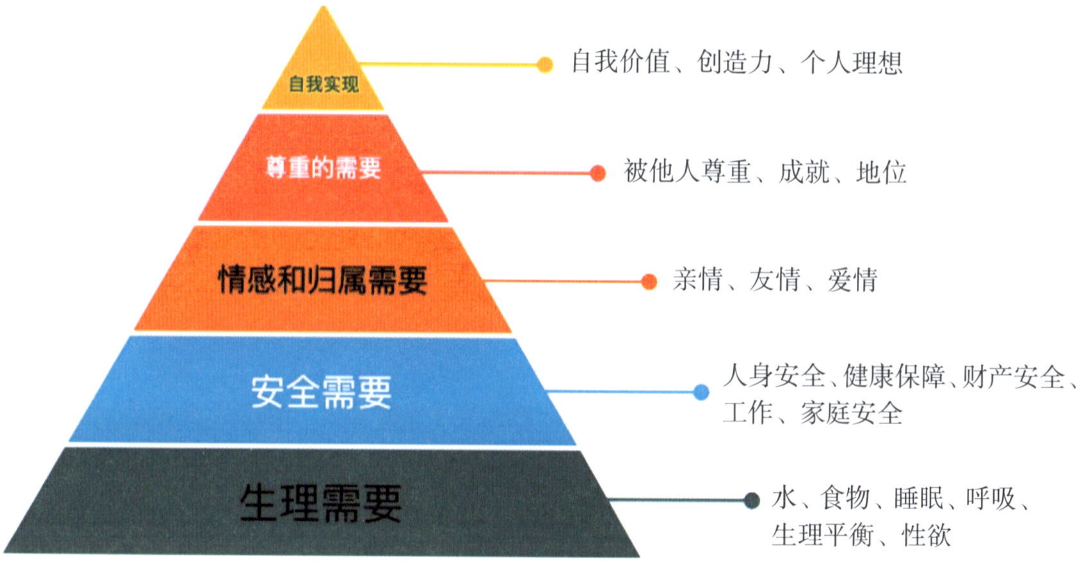

图 5-1　马斯洛需求层次金字塔

（一）坚持不断开展扫黑除恶专项斗争

千里之堤溃于蚁穴，黑恶势力是农村社会发展的“蛀虫”，严重制约农村经济社会的发展，为农村基层社会治理带来了严重的后果，阻碍农村风清气正政治环境的建设。因此需要持续不断的开展扫黑除恶专项斗争，既要“打老虎”，也要“拍苍蝇”。

1. 做到底数清

全面开展黑恶势力排查工作，摸清黑恶势力底数，拓宽举报通道，增加案件资料收集。突出重点，有针对性地开展重点地区和重点领域的扫黑除恶工作，统筹相关部门，对可能存在的黑恶势力进行摸索排查，建立健全黑恶势力管理台账，实行清单管理机制。

2. 保持严打状态

坚持“黑恶必除，除恶务尽，打早打小，露头就打”的方针；面对农村黑恶势力主动出击，对涉黑涉恶案件坚持快速出击，露头就打；保持严打状态，对“村霸”“市霸”“保护伞”等做到真正除尽①。

3. 强化宣传

加大宣传力度，充分利用各种宣传方式、宣传手段、宣传平台，开展扫黑除恶专项斗争宣传，党员起先锋模范作用，积极动员群众提供案件线索，举报黑恶势力。使扫黑除恶专项斗争深入人心，营造风清气正的社会环境。

（二）加大力度整治社会治安乱象

现阶段农村治安乱象主要表现为民间纠纷逐渐增多，民生案件数量日渐上涨，“黄赌毒”

---

① 郭元凯等：《组织振兴——构建新时代乡村治理体系》，中原农民出版社，红旗出版社，2019。

屡禁不止，群体性事件“燃点”较低。究其原因主要是农村群众文化素质较低，普法宣传不够深入，农民法制观念淡薄，农村维护社会治安的力量不足，农村警力有限，交通条件不便，社会治安治理难度大。需要加大力度整治社会治安乱象，加大农村社会治安力量投入，联防联控，构建社会治安网格化管理机制，加大力度整治各种违法乱纪行为，规范娱乐场所经营管理，通过重点整治一批农村突出社会治安问题推进农村社会综合治理，保持农村社会稳定，提升农村安全度。

（三）完善农村社会治安防控体系

坚持党委政府主导原则，贯彻执行“党委领导、政府主导、综治协调、各部门齐抓共管、社会力量积极参与的社会治安防控体系建设工作格局”的要求[①]。引导社会治安防控体系市场化运作，强化政府专属职能，加大力度提升群众思想认识，调动干部工作积极性，发挥社会治安防控“第一道防线”作用。同时，加大力度构建农村矛盾纠纷调处化解机制，组建村民调解委员会，发现矛盾，化解矛盾；加强治安调解建设，增加人员投入和经费支持，推进法治宣传教育，推进“一村一律师”工作机制建设，促进调解组织规范化建设。各级领导干部主动适应信息动态化，利用现代科学技术，推动社会治安防控信息化建设，强化信息化在治安防控中的作用。打造网格化管理，责任落实到人，推进治安防控精细化建设，夯实社会治安基础力量。建立社会力量参与机制，大力支持社会组织参与乡村治安防控，积极引导社会力量参与矛盾调解、社会救助等公益活动，增强群众风险防范意识，加强法治宣传教育，引导群众参与到农村治安防控建设中，壮大群防力量。

（执笔人：赵丽　黄丽　谭鑫）

① 云山城：《乡村振兴战略视角下农村社会治安防控体系建设研究》，《湖北警官学院学报》2018 年第 31 卷，第 6 期，5-14 页。

第六讲　案例之讲

党的十九大提出，新时代党的建设要坚持党的全面领导，坚持党要管党，全面从严治党。提出党的基层组织是确保党的路线方针政策和决策部署贯彻落实的基础。乡村振兴战略作为新时代中国特色社会主义“三农”发展新征程的总抓手。关键在于促进全面从严治党向农村基层延伸，切实加强农村基层党组织建设，提高农村基层党员素质[1]。基层党组织是党在农村工作的战斗堡垒，是党的执政根基，是实施乡村振兴战略的“主心骨”，其建设必须充分适应农村社会的变化趋势，也必须引领农村社会发展。在实际工作中，要明确党建的目的不是为了党建本身，是为了全面贯彻落实党在农村的方针政策措施，实现党在农村的政治承诺[2]。

党的建设作为组织振兴中的重要环节，可以说是组织振兴的关键节点，农村各项工作的开展都要在党组织的领导下开展，农村基层党组织是农村各项工作开展的“火车头”“领头雁”“方向盘”。因此要实现组织振兴，最终实现乡村振兴，就要牢牢把握好农村基层党组织这个关键点，要将基层党组织建设摆在组织振兴的优先位置，强化农村基层党组织在组织振兴甚至是在乡村振兴中的主导地位和主体地位，让农村基层党组织成为带动组织振兴，最终实现乡村振兴的重要载体、平台和龙头[3]。基层党组织作为党在农村的战斗堡垒，是领导农村各项组织的核心，只有其强起来，党在农村的所有工作才有坚实的基础，农村的各项工作开展才有可靠保障。可以说，增强农村基层党组织是推动乡村组织振兴，提高农村党建工作的针对性、互动性、实效性，激活农村党建的主要依托。

创新农村基层党组织建设，能够有效地推动农村的全面发展，激发农村的内生活力。但是，在推进农村基层党组织建设的过程中，面临着诸多问题，如党员干部思想认识滞后、党组织设置模式陈旧、党组织“空巢”问题突出、党员教育管理松散、制度落实与更新乏力等现实

① 孙大伟：《加强基层党建 引领乡村振兴》，《紫光阁》2018 年第 1 期，第 71 页。
② 冀名峰：《加强农村基层党的建设 为乡村振兴注入强大组织力》，《社会治理》2018 年第 5 期，16-23 页。
③ 黄克亮：《乡村组织振兴视域下增强农村基层党组织和党员内生动力的路径研究》，《探求》2018 年第 5 期，43-50 页。

难题[1]。这些难题对于农村工作的影响是显著的，如党组织设置模式陈旧，现有的农村基层党组织多是按照乡村行政区划设置，其满足的是计划经济时代农村单一生产和群众生活相对固定的需要。现今，我国农村的生产模式日趋多元化，党员群众的流动性大大增加，这一组织模式难以适应现代发展需要。又如农村地区党组织“空巢”问题突出，青年党员流失及党员老龄化现状较为显著，农村基层党组织建设工作出现断层化、割裂化，组织建设缺少活力等问题，使得农村地区出现优化党员队伍难，党员干部整体素质不高，年龄结构失调等问题，较为显著地影响了农村地区的党建工作。

党的十八大作出创新基层党建工作，加强基层服务型党组织建设的重大部署，这是新形势下，党对组织建设提出的新要求。基于此，2014 年，中共中央办公厅印发《关于加强基层服务型党组织建设的意见》，提出基层服务型党组织建设的总体要求是坚持服务改革、服务发展、服务民生、服务群众、服务党员；主要任务是强化服务功能、健全组织体系、建设骨干队伍、创新服务载体、构建服务格局。这既契合当下农村基层党组织建设的需要，也适应农村基层党建工作的规律特点，为农村基层党组织建设提供了新的发展路径。

党的二十大中指出：“坚持大抓基层的鲜明导向，抓党建促乡村振兴，加强城市社区党建工作，推进以党建引领基层治理，持续整顿软弱涣散基层党组织，把基层党组织建设成为有效实现党的领导的坚强战斗堡垒。”对于农村基层党组织来说，树立城乡统筹党建意识，推进城乡一体化发展是其应有之意，要积极引导党员同志树立开放理念、效益理念、和谐理念；突破传统党员干部认识误区，提升党员干部服务意识；创新党员管理机制，加强党员队伍建设，加大党员管理力度，科学管理党员；构建基层组织设置新模式，强化农村基层党组织战斗堡垒作用，推进基层党建促进组织振兴，最终为乡村振兴加油助力。

案例一　昭阳区凤凰街道乡村组织振兴案例

一、凤凰街道概况

（一）凤凰街道办事处基本情况

凤凰街道办事处位于云南省昭通市昭阳区中心城区南部，辖区面积 32.11 平方千米。下辖 26 个社区，其中有 10 个农村型社区，2020 年人均可支配收入 7800 元，2020 年人均口粮 500 斤。水、电、路、电视、电话“五通”全面实现。2014 年，建档立卡贫困户 1147 户

① 朱哲、姜广博：《推进农村基层党建工作的现实挑战及应对策略理论探讨》2020 年第 3 期，136-141 页。

4235 人，经过历次贫困对象动态调整，截至 2021 年，共有建档立卡贫困户 1198 户 4971 人已全部脱贫，贫困发生率从 2014 年底的 8.71% 下降至 0%。截至 2021 年 10 月中旬，全办脱贫户 1197 户 5009 人。其中确定“两类对象”111 户 391 人。其中：边缘户 89 户 305 人；脱贫监测户 22 户 86 人。均已消除风险。

（二）凤凰街道办事处组织基本情况

凤凰街道地处昭阳区中心地带，占据昭阳区 2/3 的城区面积，有户籍人口 12.8 万人，常住人口 16.1 万人，流动人口 11.5 万人。基层党组织 124 个，其中基层党委 7 个，党总支 17 个，党支部 100 个，党员 2432 名。有 26 个社区，社区“两委”以上人员 234 人，居民小组长 302 人。

二、凤凰街道推进组织振兴基本做法

（一）建立健全网格化治理体系

凤凰街道办事处始终坚持聚焦乡村振兴，认真履行街道党工委、行政主体责任。坚持以习近平总书记巩固脱贫成果同乡村振兴有效衔接的重要论述和视察云南重要讲话精神为指导，认真贯彻落实中央、省、市、区系列重大决策部署，充分发挥凤凰街道党工委、行政“总揽全局、协调各方”的核心领导作用，提出党建为魂，产业为根的理念，举全办之力，聚万众之心，强化政治担当，决战决胜促进乡村振兴。积极探索街道街巷长，社区楼栋长管理制度，以小区、楼栋为单元按照便于管理、服务、自治的原则将 26 个社区划分为 228 个网格，分别由 18 个街长、16 个巷长、608 个楼栋长、337 名网格员管理，构建“1+26+N”（1 个党工委 +26 个社区党群服务中心 +302 个居民小组）的阵地体系，建立起“街道—社区—居民小组”三级联动机制。

（二）强化社区党组织政治职权

推进“领头雁”工程，通过青年人才党支部，做到每个支部都有党员进入作为社区后备干部培养，为换届选举打下坚实基础。牢固树立党的一切工作落实到支部的鲜明导向，严格按“五个基本”要求推动党支部规范化建设不断深化，有效增强社区党组织在城市基层的战斗力、领导力、创造力和感召力。同时，赋予社区党组织人事安排建议权、重要事项商议权、评比考核评价权、共建管理监督权“四项权力”。注重规范组织设置，2021 年，换届优化调整了 5 个社区党总支为党委，11 个社区党支部调整为党总支部。注重优化班子结构。对 35 名接近 60 岁的党组织书记、居委会主任、“两委”委员，通过组织谈话进行劝退，13 名青年人才党支部党员进入社区干部队伍，调整和新任 15 名党组织书记。26 个社区 100% 推行“一肩挑”。且实现了学历、年龄的一升一降。新一届社区“两委”班子平均年龄 38.9 岁，较上一届降低了 4.5 岁，高中（中专）及以上学历 211 名、占比 81.2%，较上一届增加了 34 人；35 岁及以下 99 名、占比 42.3%，较上一届增加了 47 人；女性干部 132 名、占比 56.4%，较上一届增加了 15 人。新发展党员 35 名。

（三）强化党建引领作用发挥

突出党建引领美丽乡村建设，为充分适应市场化运营模式，采取社区集体控股、村民自愿入股的方式，走出了探索新农村经济发展的关键一步。按照习近平总书记“坚持抓党建促振兴”重要指示精神，坚持党建振兴双统领、双推进、双保障，建强基层堡垒，推进铁军建设。主要结合“不忘初心、牢记使命”党史主题教育，开好党员会、代表会和群众会，向群众算好经济实惠账、环境变化账、民主政治账、干部付出账和自身贡献账，让群众清楚所得实惠、看到干部真情付出、感受到扶贫实在成果，从内心深处知恩感恩。不断探索建立“支部 +”模式，驻村工作队长全部兼任社区第一书记。创新强化基层阵地建设，15 个城市型社区结对帮扶 10 个农村型社区，先进带后进，齐头并进促发展；大力发展壮大社区集体经济，当前已有 12 个社区成功创建并发展社区集体经济，收益比前期有了较大的突破，促进了社区集体经济发展的积极性，剩余的 14 个社区正在筹备成立集体经济管理运营公司，实现社区集体经济收入稳步健康提升。

（四）大力推行全域党建

与驻区单位党组织率先打破壁垒，深入凝聚思想共识，成立“党建联盟”，强化联席制度的落实，规范议事规则。形成互联互动的组织依托和有效支撑，通过形式多样的共建活动，不断强化社区党组织的有效领导地位，着眼于激发各方活力，大力培育居民小区、新兴行业、商圈楼宇、红色物业等多种群体的党建组织，增强街道、社区全域党建协同共治能力。同时把志愿服务与中心工作相结合，与无职党员设岗定责相结合，发动、引导辖区居民和全社会参与志愿服务。各社区根据实际工作需要开创了错时服务、预约服务、居家食堂、“一系统七平台”等新型服务模式，打造了社区四点半学校、民情诊所、爱心银行、儿童友好家园、社区老年大学等一批志愿服务品牌。积极引导组织成立志愿者协会并通过引入社工组织，推进家政、医疗、文教、就业等服务资源进楼宇、进网格等方式提升社区专业化服务水平，鼓励和倡导全社会参与社会管理和社会服务，在全办各社区打造“15 分钟服务圈”，26 个社区同时配套有文化及体育活动广场、居民之家与儿童乐园、电商物流快递收发点、日用品超市、农贸市场等；村级道路硬化率 100%。

三、凤凰街道推进乡村组织振兴经验和启示

（一）主要经验

1. 多措并举增加农户收入

（1）针对 2014 年以来已脱贫户未享受产业扶贫项目，由区委政府协调区农业农村局实施产业扶贫帮扶户均 5000 元，1103 户 4666 人入股公司获得收益分红，每年按照投资金额的 6% 固定收益分配农户。

（2）针对 2019 年剩余 55 户 158 人未脱贫户，实施资产收益—苹果冷链物流园建设项目，

政府借入资金每人10000元共计158万元投入区农投公司，按照投资金额的6%固定收益分配农户。

2. 创新建设发展示范点

积极引导各个社区结合实际，申办创建各具特色的社区集体经济，以经济组织推动社区集体经济健康绿色有效发展。并按照“产业兴旺、生态宜居、乡风文明、治理有效、生活富裕”的总要求，以实施产业基地建设、乡村建设、农村生态文明建设、基层治理提升、服务保障优化为主要创建内容，进一步发展乡村产业、改善乡村生活条件、优化乡村生态环境、完善乡村治理制度、提升乡村文明水平。加快推进乡村治理体系和治理能力现代化，加快推进农业农村现代化，以经济组织建设引领和推动乡村振兴战略全面实施。

3. 驻区单位组织融合促振兴

通过街道“党建联盟”和社区“大党委”，加强驻区单位党组织及辖区行业各领域党组织之间的沟通协调，建立街道、社区及驻区单位兼职委员制度，构建大党建格局。截至2022年，共有现有120家单位、7259名在职党员、30家“两新”组织党组织到社区报到。单位参与共建活动238次，以在职党员参与为主的志愿者活动98场次，党员15362人次。发动、引导辖区居民和全社会参与志愿服务。共1895名登记在册的志愿者常年活跃在街道社区。每季度定期召开联席会议，共商区域发展大事和群众关心的热点难点问题。

着力推进“书记领航项目”，将红色物业与小区楼栋党建相融合，整合社区、物管、业委会资源，推进红色物业示范创建，成立了吉祥物业党支部，建立社区党组织领导下的小区党组织、业主委员会、物业企业议事协调、服务评价、纠纷调处等机制。稳妥推进小区党组织负责人通过法定程序担任业主委员会负责人，落实小区党组织、业主委员会、物业企业三方“双向进入、交叉任职”，构建“小区党组织+业主委员会+物业企业”三方联动共建共享治理新格局。打造“15分钟服务圈”，让群众服务、生活、娱乐不出小区就能全部解决，同时推进社区集体运营公司规范运作，建立社区物管公司，不断夯实壮大集体经济。

在西街社区推进“枢纽型”社区做深做实，在社区11个小网格打造“无缝化”服务体系。全力推行党组织设置与“网格化”管理相融合，组建由社区干部、离退休老同志、无职党员、居民群众共计108人组成的网格服务队伍。通过信息采集建立了社区服务资源共享平台，绘制了西街社区网格服务示意图，并制作了“114”社区服务百事通联系卡，拟定了“咨询、求助、预约、家政、调解、代办”六大类为民服务的内容，在联系服务群众上创新载体，细化服务措施，探索开展居民党员“责任在社区”、离退休党员“余热在社区”、下岗职工党员“创业在社区”、流动党员“形象在社区”、在职党员“服务在社区”的“五在社区”活动。积极组织辖区党员、共驻共建党员、“两新”组织党员参与爱国卫生运动，通过召开院坝会、发放倡议书、张贴居民公约、参加社区协商等活动，充分发挥党员的先锋模范作用和基层党组织的战斗堡垒作用。

凤凰街道党工委通过党建引领、区域统筹、社群助力、互融共享的区域化党建平台，实现信息共享、阵地共享、服务共享，不断扩大党的组织覆盖和工作覆盖。

（二）主要启示

1. 严格按照乡村振兴总要求，切实分析问题，提出对策

凤凰街道办事处将严格按照“产业兴旺、生态宜居、乡风文明、治理有效、生活富裕”的总要求，从辖区的党建具体实际情况出发，严格落实省委、省政府昭通市现场办公会提出的三个定位发展方向和昭通市委第五届党代会一次会议精神，对辖区党建问题作出深入分析并提出相应对策。

2. 对策要具有针对性

面对现今存在的基层党建问题，因“题”给策，从大问题入手，逐渐深入解决小问题。

3. 敢于作为，面对问题，不惧困难，敢于“出手”

始终坚定党的主体地位不动摇，始终坚持筑牢农村基层党组织这个战斗堡垒。合理利用资源，善于整合资源，充分发挥资源的作用，切实助力基层党组织，促进组织振兴，保障乡村振兴。

（资料提供：昭通市昭阳区凤凰街道党工委）

案例二 昭阳区旧圃镇乡村组织振兴案例

“严选严管严治”，既从严选拔、从严管理、从严治党。

“从严选拔”是针对组织中的领导干部来说，领导干部是一个地区发展的“车头”，是核心,用好领导干部对于组织的发展具有重要意义。《习近平关于全面从严治党论述摘编(2021年版)》第七个专题提出：坚持党管干部、党管人才，抓好执政骨干队伍和人才队伍建设，这为组织振兴的实现奠定了基础。选人用人制度关系着国家的根本，人才质量更是关乎国本，因此，在选拔组织领导干部时要坚持从严选拔，严格按照章程，严格制定标准选拔人才，确保组织人才质量。

“从严管理”针对的是全体党员,2013年,习近平总书记在全国组织工作会议上明确提出，要严格党员的日常教育和管理；2016年再一次指出：加强党的建设，首要任务是思想政治建设，关键是教育管理好党员干部。2019年，我国专门出台了《中国共产党党员教育管理工作条例》，我国的党员教育管理进入制度化管理。“从严管理”提升了党员的队伍质量，激发了组织的内在活力，夯实了党的执政根基，为组织振兴筑牢了根基。

“从严治党”是针对整个中国共产党来说，党是一切发展的核心，党的领导是中国办好一切工作的前提，办好中国的事情，关键在党，关键在党要管党，全面从严治党。只有坚持以党的政治建设为统领，坚持严的主基调不动摇，才能保证党长盛不衰，不断发展壮大，组织充满活力。

一、旧圃镇概况

（一）旧圃镇基本情况

旧圃镇，因旧圃街而得名。旧圃镇位于昭阳城西，镇政府距城区约7千米，全镇辖区面积87.6平方千米，东与龙泉、凤凰办事处相连，南与永丰交界，西与洒渔、乐居相邻，北与北闸、青岗岭乡接壤。辖沙坝、后海、旧圃、锦屏4个行政村，70个村民小组，居住着汉族、彝族等民族，共计2.68万人。

（二）旧圃镇组织基本情况

旧圃镇党委下辖4个社区，5个行政村，157个村民小组，下设9个村社区党委，1个总支部，73个党支部，全镇现有党员1761名，其中预备党员22名。

二、旧圃镇乡村组织振兴的主要做法

（一）突出政治功能建设，强化基层党组织领导作用

1. 把党的政治建设摆在首位，坚决维护以习近平同志为核心的党中央权威和集中统一领导

旧圃镇各级党组织把坚决维护习近平总书记的核心地位，坚决维护党中央权威和集中统一领导作为最高政治原则，自觉在以习近平同志为核心的党中央集中统一领导下履行职责、开展工作。坚持以习近平新时代中国特色社会主义思想为指导，深入贯彻落实党的十九大和十九届二中、三中、四中、五中全会精神，全面贯彻新时代党的建设总要求、新时代党的组织路线和习近平总书记“七一”重要讲话、考察云南等重要讲话精神为引领，坚定不移加强党的全面领导，坚定不移推进全面从严治党。持续加强党的政治建设、思想建设、组织建设、作风建设、纪律建设，切实增强“四个意识”、坚定“四个自信”、做到“两个维护”，为旧圃镇在全区打造建设“五区”发展定位中有更大担当，提供了坚强有力的政治保证和组织保证。

2. 着力增强基层党组织政治功能，确保把从严治党落实到“神经末梢”

为把纪律和规矩挺在前面，旧圃镇党委从严从实严明党的政治纪律和政治规矩，严肃党内政治生活，严格落实“三会一课”、主题党日、组织生活会、谈心谈话、民主评议党员等制度，积极探索创新型组织生活。结合庆祝建党100周年开展“四个一”活动（过一次创意组织生活、过一次政治生日、上一堂主题党课、做一次精品志愿服务），开展支部书记讲党课80余堂，党员参加志愿服务活动350余人次，进一步增强党员干部的使命意识、担当意识。

3. 从严选拔管理，着力优化组建基层党员干部队伍

（1）精心组织，圆满完成乡镇党委和村（社区）“两委”换届工作。旧圃镇以加强党的领导为原则，在区委、区政府坚强领导下，周密安排、精心组织，紧紧围绕相关党内条例、法律法规，严格依照程序步骤，顺利完成5村4社区“两委”及监委委员、73名小组党支部书记、157名村民小组长的基层组织换届工作，妇联、共青团等群团组织的换届工作也圆满完成，组建起了一支讲政治、守初心、担使命的基层干部队伍。

（2）持续加强深化“领头雁”培养工程，积极稳妥推进“一肩挑”，全面推行“减员增效”。围绕政治理论、专业能力提升，开展了换届后村组干部全覆盖培训班1次，共120余名村组干部参与培训。继续实施村（社区）干部能力素质和学历水平提升行动，健全落实村级值班坐班制度，完善村（社区）干部管理考核制度，着力打造一支骨干队伍。

（3）旧圃镇全面深化主题教育，持续巩固深化“不忘初心、牢记使命”主题教育成果，在全镇党员中开展党史学习教育，把学党史、悟思想、办实事、开新局贯穿学习教育全过程，引导广大干部群众学史明理、学史增信、学史崇德、学史力行。并将党史学习教育作为2021年教育培训重要任务、作为基层党组织开展支部主题党日、“三会一课”“万名党员进党校”等组织生活的重点内容，抓好各级党员干部的学习教育。

4. 坚持固本强基，全面加强基层党组织建设

（1）聚焦组织力提升，着力整顿软弱涣散党组织。牢固树立一切工作到支部的鲜明导向，深入贯彻落实党支部工作条例，围绕健全落实“五个基本”要求，对党支部标准化、规范化建设进行回头看。全覆盖开展党支部分析研判和分类晋级，对全镇73个党支部全部过一次“筛子”，确定先进、一般、后进党支部，推行党委领导班子全部挂钩到后进党支部，督察开展整改提升，推动党支部晋位升级，健全完善党支部标准化规范化建设长效机制。

（2）常态化整顿软弱涣散基层党组织，为全面提升农村基层党组织建设水平。旧圃镇党委将整顿软弱涣散基层党组织列为2021年旧圃镇党建工作的一个重要内容，严格落实“四个一”整顿措施。针对软弱涣散党组织整改，采取“区级领导挂点，镇级挂钩领导包村负责，驻村工作队驻村整顿”的方式，实行动态管理销号制度，发现一个纳入整顿一个，整顿转化一个销号出列一个。

（3）抓好发展党员工作。深刻领会党中央、省委、市委和区委关于2021年扩大发展党员数量的战略考量，严把党员入口关，坚持把政治标准放在首位，严格执行政治审查制度和发展党员备案管理制度，发展党员特别注重发展35岁以下的青年入党，逐渐优化改善基层党组织的党员队伍结构，共发展22名优秀年轻党员。不断强化党员教育和管理，特别加强流动党员管理，进一步完善流出地、流入地双重党组织管理制度、外出党员定期联系汇报等制度，使外出流动党员离乡不离党。

（二）筑牢政治思想根基，确保学习成效转化为工作实效

1. 认真组织好、开展好各类党建活动，贯彻落实好“七一”讲话精神

旧圃镇以庆祝建党100周年为契机，2021年7月1日，召开“两优一先”表彰大会暨“我心向党，致敬百年”党史学习教育主题演讲比赛，回顾党的历史、讴歌党的伟绩、缅怀革命先烈，鼓舞激励全镇各级党组织和广大党员干部砥砺初心担使命、重整行装再出发，以新的姿态、新的干劲、新的作风，以优异成绩庆祝中国共产党成立100周年。为学习贯彻好习近平总书记“七一”重要讲话精神，旧圃镇开展了形式多样、内容丰富的学习活动。以集中收看、召开座谈会和院坝宣讲会等形式深入党员群众中去，切实把“七一”讲话学习成效转化为推动各项工作高质量发展的强大动力。

2. 落实好“我为群众办实事”，确保各项工作高效开展

旧圃镇紧密结合党史学习教育中的要求，指导各村（社区）党组织弘扬党的优良传统，把“我为群众办实事”同旧圃镇重大项目建设、社会治理、服务群众等中心和重点工作任务结合，推动建立健全党员、干部志愿服务长效机制、“解民忧、办实事”工作机制、为民服务清单管理机制等，不断推动实践活动走深走实。以“党旗引领党员示范”为抓手，累计开展了500余次爱国卫生活动，促进旧圃镇人居环境全面提升；以院坝宣讲会、座谈会等形式，走村寨、进家门，深化“下基层、访群众、办实事”切实掌握群众需求，做到“察民情、知

民忧、解民情”，累计帮助群众办实事300余件；在疫情防控、安全生产、综治维稳等方面，一线党员同志带头示范、冲锋在前。

3. 结合“党旗在一线高高飘扬”扎实开展好乡村振兴、爱国卫生等各项工作

旧圃镇各村、社区以支部为单位建立挂包连片制度，每个支部分工明确、职责明确，并将每周五定为“党旗引领党员示范”服务日，使党旗在爱国卫生、疫苗接种、户厕改革、拆旧拆违和乡村振兴一线高高飘扬。旧圃镇党员干部、驻村工作队和“两委”成员深入基层一线，切实推动了各项工作有序有效开展。

（三）坚持党建引领发展，助推传统产业转型升级

1. 党建引领，着力破解集体经济薄弱难题

为打破村集体经济薄弱这一困局，旧圃镇党委坚持把发展壮大村级集体经济作为全村工作中心任务来抓，召集全体党员、村民代表及“两委”成员，集思广益，讨论商定发展壮大村级集体经济的工作计划，研究具体工作措施，保证了村级集体经济发展有方向、有目标、有举措。同时在党委的领导下，建立起发展村集体经济目标管理责任体系，实行书记主要抓、班子成员包干抓、各村（社区）“两委”协助抓的“三抓”工作方法，各司其职、密切配合、齐抓共管运行村级集体经济的良好格局。逐步建立规范管理村级集体经济的长效机制，将村集体收益用于解决贫困群众生产问题、保障困难群众生活，实现村集体有钱办事。

2. 资源优化，着力打造一村一品

旧圃镇党委始终坚持党建统领全局、引领产业发展思路，采取“支部+企业+基地+农户”和“支部+党员+群众”等模式，整合各村（社区）优势资源，结合“一村一品、一村一业”，兼顾9个村（社区）差异化资源，突出发展特色产业。并且在产业发展中，旧圃镇结合巩固脱贫攻坚经验深入实施乡村振兴战略，充分发挥党员先锋模范作用、党支部战斗堡垒作用，带动群众因地制宜开发挖掘自身优势，整合优化各方力量资源，做大做强特色产业，为带动旧圃人民实现共同富裕、共建美好生活提供了有力支撑。

（四）全面从严治党向纵深发展，强化作风纪律建设

1. 深化学习，筑牢底线

紧紧围绕习近平总书记关于全面从严治党重要论述、《党委（党组）落实全面从严治党主体责任规定》和十九届中央纪委五次全会、省纪委十届六次全会、市纪委四届六次全会和区第六次党代会明确的重点任务。深入推进全面从严治党，强化监督执纪问责，加强自身建设，推动全面从严治党向基层延伸，逐级签订《党风廉政建设目标责任书》，形成了上下贯通、层层负责反腐倡廉责任体系。

2. 健全机制，常态长效

旧圃镇各级党组织严格执行重大事项报告、重大问题议事和决策制度，自觉接受监督，

树立领导干部清正廉洁良好形象。建立健全廉洁谈话、监督举报、责任倒查等制度，巩固了风清气正的政治生态。2021年以来，共召开党风廉政专题会2次，签订目标责任书200余份，组织镇干部、村（社区）两委成员利用职工例会集中学习5次，组织全镇村（社区）两委干部、集中换届157名小组长廉政谈话学习2次，集中观看警示教育片、违法违纪案例学习10次。抓好干部队伍作风建设，努力聚焦党委主体责任定位，全面履行工作职责，有力地促进了全镇经济发展，维护了全镇的政治安定和社会稳定。

三、昭阳区旧圃镇推进乡村组织振兴经验和启示

（一）主要经验

1. 强化党的领导，筑牢组织体系

（1）以加强党的领导为原则，周密安排、精心组织，着力增强基层党组织政治功能，严明党的政治纪律和政治规矩，严肃党内政治生活，严格落实“三会一课”、主题党日、组织生活会、谈心谈话、民主评议党员等制度，探索创新型组织生活，让党员干部常态化接受政治体检。

（2）突出加强政治忠诚教育，推动党员干部统一思想、统一意志、统一行动，自觉强化“两委”干部大局意识和责任意识，积极营造“心往一处想，劲往一处使”的干事氛围，增强“两委”班子的创造力、领导力、执行力、号召力和凝聚力。

（3）把学习贯彻习近平新时代中国特色社会主义思想纳入全镇各级党组织会议“第一议题”，作为干部教育培训、“万名党员进党校”主课和必修课。加强基层班子政治建设，认真组织开展党史学习教育，扎实开展“我为群众办实事”实践活动，做到学史明理、学史增信、学史崇德、学史力行。

2. 加强班子建设，强化后备力量

班子好不好，关键看“头羊”，好班子是“配”出来的，更是“练”出来的。村（社区）“两委”班子的结构，直接关系到基层党委整体功能的发挥。坚持以选优配强，优化年龄、文化结构为目的，大力发现培养选拔优秀年轻干部，使“两委”班子形成梯次配备、搭配合理、上下贯通、优势互补的结构为目标，实施农村优秀人才回引计划。建立完善人力资源开发台账、动态管理、统筹调度，从农村致富带头人、外出务工经商人员、退伍军人、大学毕业生中积极回引和储备村级后备力量，培养一支懂农业、爱农村、爱农民的基层干部队伍。

3. 加强基层组织规范化建设，提高村“两委”班子整体功能

严格落实“四议两公开”等民主议事制度，健全完善村级小微权力清单，加强村干部日常管理监督，强化目标考核、责任考核和实绩考核。教育引导他们牢固树立宗旨意识和为民情怀，依法依规开展工作，健全村规民约，实现自我管理、自我教育、自我服务、自我监督。

（二）主要启示

1. 坚持党的主体地位不动摇

在农村建设过程中，选强配优领导班子对于一个地区的发展来说具有重要意义。从旧圃镇组织建设的做法和经验中，可以看出党始终贯穿全过程，无论是发展农村经济，还是开展农村环境整治，党的领导都是核心关键，坚持党的主体地位不动摇就是一切要在党的领导下开展。

2. 坚持从严选拔干部

干部的优良决定了一个组织能够走多远，严格标准选拔干部，能够保障干部质量，为乡村振兴、农村发展提供较强的人员基础，有利于农村发展、组织振兴。

3. 坚持从严管理

将党员教育管理放在一个较高的位置，有利于提升党员干部的政治思想意识，坚定党员干部信念，促进组织振兴。

（资料提供：昭通市旧圃镇组织委员　郑小凡）

案例三　蒙自市雨过铺街道大台子村乡村组织振兴案例

基层党组织是中国共产党在农村的全部工作和战斗力的基础，在基层社会治理中担负着重要职责。习近平总书记强调，“基层党组织是贯彻落实党中央决策部署的‘最后一公里’，要坚持大抓基层的鲜明导向，有效实现党的组织和党的工作全覆盖，抓紧补齐基层党组织领导基层治理的各种短板，把各领域基层党组织建设成为实现党的领导的坚强战斗堡垒”[①]。只有加强基层党组织建设，才能把基层社会治理工作做好。农村党支部在农村各项工作中居于领导核心地位，在《提高农村基层组织建设质量，健全乡村治理体系》等文稿中，习近平总书记指出，要突出抓基层、强基础、固基本的工作导向，推动各类资源向基层下沉，为基层干事创业创造更好条件；要抓好以村党组织为核心的村级组织配套建设，把党中央提出的重大任务转化为基层的具体工作，抓牢、抓实、抓出成效[②]。

习近平总书记强调：“十四五”时期，要在加强基层基础工作、提高基层治理能力上下更大功夫。要加强和改进党对农村基层工作的全面领导，提高农村基层组织建设质量，为乡村全面振兴提供坚强政治和组织保证。这一重要论述为提高党的农村基层组织建设质量提出了新要求。

近年来，蒙自市雨过铺街道党工委高度重视农村基层党组织建设，推进党的农村基层组织活动内容落到实处，以农村基层组织振兴引领乡村全面振兴。尤其是大台子乡村振兴示范村，通过党建引领、组织先行，2020年创建成为“云南省美丽乡村”“云南省旅游特色名村”“红河州民族团结进步示范村”。

一、雨过铺街道大台子村概况

（一）大台子村基本情况

雨过铺街道大台子村（尼苏小镇）位于蒙自市区北部，为雨过铺街道办事处和大台子村委会驻地，坐落在蒙自市城市发展的生态核心区域——大屯海和长桥海两个高原湖泊之间，

① 朱洪波：《坚持问题导向 持续重点发力 建设坚强基层党组织和过硬带头人队伍》，《机关党建研究》2020。

② 习近平：《坚持把解决好“三农”问题作为全党工作重中之重 举全党全社会之力推动乡村振兴》，《共产党员》2022年第10期，第7页。

村庄依湖而建，“两海”自然风光迷人。紧连国家级蒙自经济技术开发区、红河综合保税区、红河综合交通枢纽、在建的弥蒙高铁红河站和红河机场，交通便捷。村地域面积5.82平方千米，有耕地面积2504亩。下辖3个村民小组，379户1448人，主要从事农业、渔业、休闲旅游服务和市区劳务。2020年人均可支配收入15715元。地理位置优越、交通方便、环境水秀风光。

（二）大台子村组织基本情况

大台子村设有党支部3个，党员42人。村领导班子结构合理，人员分工明确，责任到人。村民团结和睦，勤劳俭朴，村风文明。

二、蒙自市雨过铺街道在大台子村推进组织振兴基本做法

（一）统一思想，强化领导

街道党工委十分重视乡村振兴示范村创建工作，专门成立了由党工委书记、街道办主任为双组长的街道乡村振兴建设工作领导小组，全面领导和协调创建工作。围绕“产业兴旺、生态宜居、乡风文明、治理有效、生活富裕”总要求，制定了《雨过铺街道乡村振兴实施方案》，组织实施美丽乡村标准化“1123”创建工程，在成功创建大台子1个省级美丽乡村示范村的基础上，每年计划创建1个美丽乡村示范行政村（社区）、2个美丽乡村示范村（自然村）、3个达标村（自然村）。各村（社区）也成立了双组长工作领导小组，通过群众会、村民代表会、党员会等多种形式，大力宣传创建工程的目的、意义和目标，统一了全村群众的思想认识。

（二）高标定位，科学引领

紧盯“争做红河州跨越发展的排头兵、争当乡村振兴的排头兵、争创城乡一体化的示范区”的发展定位，按照“服务滇南中心交通枢纽，创建市区融合示范新区”的发展思路，把农村人居环境整治，建设美丽乡村建设融入“两海”建设开发，提前迎接高铁时代、空港时代的滇南中心城市核心区过程，全域化统筹、片区化谋划、标准化建设、景区化提升。在尼苏小镇规划理念上，坚持充分体现农村特点、充分体现彝族尼苏文化传承、充分尊重农民意愿，注重保留乡村风貌、彰显乡土气息，注重保护“两海”自然生态，努力实现绿水青山和金山银山的有机统一，让美丽乡村建设“留得住青山、记得住乡愁”。

（三）特色打造，整体提升

在推进路径上，对照乡村振兴示范村创建细则和评估标准，以基础设施建设、村容村貌整治、公共服务提升为重点，坚持一手抓示范引领、一手抓全面清洁、一手抓标准引领、一手抓特色打造，实现示范村创建促进乡村振兴，整体提升生态宜居水平。重点在污水处理、管线整治、产业培植、特色打造、文化挖掘上下功夫，发展优势产业。建设了民族特色文化广场、立体停车场、垂钓中心、彝人码头、景观水系、回迁生态民居建筑群（美丽家园新村，共计370户）、民族风情商业街等。其中，村庄节点处规划建设12幢最能体现彝族建筑风

格的二进院或四合院，用于吃、娱、购、游客服务和民族文化展示等，配套建设绿化、路灯等工程。投资环境的改善，引来了联想集团红河佳裕农业科技有限公司在该村投资建设了现代蓝莓分拣冷链物流园，该村规模化流转土地2000亩发展现代农业，主要种植蓝莓、枇杷、葡萄等高原特色反季水果；正在申报2亿元的国债项目实施整体改造提升，拟通过旅游业的发展，带动全村产业由传统农业向旅游业转型升级，全村发展成AAA级景区，成为红河特色旅游的新方向。大台子村正在完成从一个普通乡村到特色旅游新去处的华丽转身。

（四）内外兼修，提升内涵

在乡村振兴示范村建设中，坚持既重“物”，更重“人”，在抓好“物”的投入、改善环境、培育产业的同时，弘扬文明新风，促进“人”的提升，实现“物的新农村”与“人的新农村”和谐同步。

1. 与文化传承保护相结合

注重挖掘保护好典故传说、祖训家规等非物质文化遗产，组织编撰尼苏故事，挖掘村庄历史，讲活村庄故事，让村名村史承载乡土记忆。

2. 坚持把加强农村基层党建作为美丽乡村建设的动力引擎

充分发挥村级党组织的领导核心和战斗堡垒作用，引领和带动广大群众共同建设美丽乡村。

3. 与创新农村社区化服务相结合

围绕富民、便民、利民、安民，推进村改居工作，以新型社区中心为平台，挂牌运行社区党群服务中心，强化党组织服务功能，推动干部入驻、服务下沉、运转有序，党群服务中心使用率100%。运转规范实现全覆盖，实现就近服务、就地服务、高效服务。

4. 与开展乡风文明相结合

弘扬社会主义核心价值观，积极开展“清洁家园荣誉超市”活动。通过“文明户”“好媳妇”“道德模范”和“美丽庭院”等评选活动，倡导优良家风、文明乡风和新乡贤文化，凝聚向上、崇善、爱美的正能量，美丽庭院覆盖率超过98%。

三、蒙自市雨过铺街道大台子村推进乡村振兴的经验和启示

（一）提升农村基层党组织的领导力

实现组织振兴，关键是让基层党组织成为乡村振兴的“主心骨”。党的基层组织是政治组织，是党在社会基层组织中的战斗堡垒，是党的领导延伸到基层的重要载体，是农村各种组织和各项工作的领导核心。提升农村基层党组织的领导力，应当坚持“三个突出”，即突出政治功能、突出“头雁”带动、突出阵地建设。

（二）提升村民自治组织的治理能力

乡村振兴是一项系统工程，必须坚持政府主导、农民主体、社会参与，动员各方力量，

整合各种资源，强化各项措施，统筹协调，合力推进。创建过程中，州、市领导先后现场督导 5 次，街道先后召开专题会议 8 次，不断深化了对乡村振兴建设的认识。农民是乡村振兴建设的建设主体和直接受益者。通过召开党员会议、村民代表会议、组织外出参观学习，“致村民的一封信”“清洁家园荣誉超市”获积分等形式，引导农民投工投劳，凝聚党心民心。

（三）提升各类社会组织的参与能力

坚持资源整合、多元投入。按照“财政奖补一块、部门整合一块、镇村自筹一块、农民投工投劳一块、社会力量支持”的思路，整合政策、资金、项目等资源向乡村振兴建设集聚。积极争取吸引国有企业、社会资本等力量参与，联想集团红河佳裕农业科技公司、云南银壶文化发展有限公司、红河州紫陶学院、市城投公司等市级以上企业已经进驻或达成意向参与尼苏小镇乡村振兴建设。

（资料提供：红河州蒙自市雨过铺街道党工委书记　李叶飞）

案例四　文山市东山彝族乡乡村组织振兴案例

2013年中央一号文件指出，创新农业生产经营体制，要尊重和保障农户生产经营的主体地位，培育和壮大新型农业生产经营组织，充分激发农村生产要素潜能。新型经营主体是加快转变农业发展的重要方式，其发展促进优化了乡村治理结构，在乡村振兴阶段，其也是组织振兴的重要组成部分。

一、文山市东山彝族乡概况

（一）文山市东山彝族乡基本情况

东山彝族乡，隶属云南省文山壮族苗族自治州文山市，地处文山市东北部，东与追栗街镇相邻，南与开化街道相连，北、西与砚山县接壤；乡人民政府距文山市区10千米，行政区域面积158.4平方千米；截至2019年末，东山彝族乡户籍人口为10928人。近年来，文山壮族苗族自治州压紧压实基层党建工作责任，不断提高组织化程度，团结广大干部群众一起想方法、出对策、干实事，持续发力推进乡村振兴。

（二）文山市东山彝族乡发展困境

1. 自然条件较差

东山彝族乡属于典型的喀斯特岩溶地貌，森林覆盖率低，石漠化占比高达30%，山大、石头多、耕地少、道路差等情况较为突出。导致高中产土地不多，100亩以上连片耕地更是屈指可数，严重制约了农业产业化、规模化、现代化的发展。

2. 农业基础薄弱

乡境内无河流、湖泊、水库，无常年四季的水源点，水利资源匮乏，群众的生产生活用水主要通过小水窖蓄水和应急供水管网解决，农业生产抗风险能力比较低，靠天吃饭问题突出；全乡仍有20%的自然村进村道路无资金硬化，依然存在晴通雨阻的现象。

3. 新型经营主体发育不全

全乡贫困户因病、缺乏劳力、缺乏资金等致贫原因占比较高，形成经营能力差、意识落后等短板观念，主动参与产业扶贫联结机制意愿低；大部分农民合作社成立、管理及运作不够规范，农户对农民合作社信任感普遍不高；辖区缺少发展稳定、规模大的农业方面新型龙头企业。同时，部分企业出于组织成本、盈利性、工种熟悉程度等方面考虑，在带动贫困户和农民合作社形成结对利益联结机制的主动性方面较差。

4. 利益联结机制不健全

采用“企业/合作社+农户”的利益联结模式虽然能够完成销量和克服市场价格波动问题，

实现一定的规模化生产和稳定收入，但也将农业生产的自然风险部分转移到了农户身上。当遭遇自然灾害，农户种养殖产量达不到协议标准或质量没有达到预期收购要求时，利益联结难以发挥作用。

5. 农业服务体系发展滞后

由于基层农业技术专业人员缺乏，农业产业信息获取渠道不畅通，许多种养殖产业发展需要的信息、技术、资源等无法有效及时传达，对农业产业发展可能造成较大影响。

6. 产业发展仍以粗放式为主

辖区产业发展基本以供应原料为主，农产品精深加工不足，乡村“休闲农业”价值功能开发不充分。

二、文山市东山彝族乡推进组织振兴主要做法

依托“企业 +”的模式，因地制宜地发展种养殖项目，进一步促农增收，参与乡村治理，巩固脱贫成效。

（一）营造良好环境，引进新型经营主体

1. 乡党委政府高度重视营商环境服务工作

积极实行乡党政班子成员挂钩联系服务企业制度，对于落户东山彝族乡的企业或项目，均结合安全生产检查工作，以月为周期，班子成员主动上门服务企业，共同分析遇到的问题、原因及解决方法。通过实地走访解决重点、难点问题，帮助企业及时解决项目审批、征地拆迁、水电路接入、矛盾纠纷调处、规范安全生产等方面的工作，确保每个企业或项目都能顺利、规范、快速落地。

2. 积极营造稳定有序、生态宜居、政府支持的社会环境

特别是东山彝族乡距文山城区及普者黑机场较近，处于文砚丘平一体化、文砚平半小时经济圈和文砚同城化的关键节点，辖区内国道、省道、县道交叉交汇，交通便利这一大优势，使各类外来投资者均能感受到在东山彝族乡生产生活的安心、舒心、放心。近年来全乡先后引进了文山东绿农业开发有限公司、文山福达养殖有限公司、文山云玺农业开发有限公司、文山立达尔生物科技有限公司等地方农业龙头企业。

3. 重视农业专业合作社发展工作

对成规模、有发展潜力的产业，推广“企业 + 合作社 + 贫困户”“企业 + 基地 + 合作社 + 贫困户”等模式，以生产合作、入股分红、订单协议、劳务用工、生产托管等方式促农增收。目前，辖区成立了烤烟种植、万寿菊种植、蛋鸡养殖、“九月青”花椒种植 4 个农业专业合作社。发展烤烟种植 5000 亩，带动农户 200 户；发展万寿菊种植 1500 亩，带动贫困户 87 户；发展“九叶青”花椒种植 1030 亩，带动贫困户 57 户；发展规模化蛋鸡养殖 10 万只，带动贫困户 109 户；发展本地高峰小黄牛繁育养殖 360 头，带动贫困户 86 户；发展辣椒种植 9200 亩，带动贫困户 486 户；发展小黄姜 6100 亩，带动贫困户 148 户。

（二）争取项目资金，扶持企业带动农户

乡党委、政府牢固树立“扶持农业企业就是扶持农民”的理念，在辖区内选择一批有基础、有特点、有优势、有潜力、带动农户能力强、做得好的企业进行重点培育。拿出优惠政策和“真金白银”，一企一策量身定制培育措施，从项目、资金、人才、技术等方面给予企业一些实实在在的支持，帮助企业迅速发展壮大，成长为地方龙头带动型企业。

全乡充分运用好国家扶贫政策、上海对口帮扶、昆明浦发银行结对帮扶、市政协挂钩帮扶的机遇，积极争取上海产业扶持资金100万元投入文山福达养殖有限公司、380万元投入文山云玺农业开发有限公司、100万元投入云南勤劳农业开发有限公司，400万元投入文山东绿农业开发有限公司；争取政协提案补助资金26.75万元扶持文山东绿农业开发有限公司建设辣椒烘烤设备和扶持文山云玺农业开发有限公司建设青储饲料加工设备。通过帮扶资金投入，发挥“雪中送炭”作用，缓解了企业在收购本乡农产品过程中周转资金紧缺问题，帮助企业渡过了难关。同时，又带动了辖区农户特别是贫困户发展种养殖业的意愿，实现了建档立卡贫困户有稳定持续的收入，确保能够实现高质量的脱贫。

具体扶贫带贫模式有三种：

（1）获取固定收益。投入农业龙头企业产业发展资金，通过固定资产评估的方式明确相应价值的固定资产归乡人民政府或村委会所有，让后乡人民政府或村委会再将所拥有的固定资产返租给企业使用，每年乡人民政府或村委会获得投入本金5%的租金收益，全乡每年获得资金收益49万元，用于补齐贫困户在“两不愁，三保障”中出现的硬件短板、村公益事业或产业发展。

（2）订单协议收购。通过采取“企业+合作社+农户”的模式，文山立达尔公司按照成本价的50%提供万寿菊种子给贫困户种植，按照每千克1.05元的单价收购万寿菊花；文山东绿农业开发有限公司按照成本价提供辣椒苗给贫困户种植，按照每千克4元的保底价收购野山椒，同时保底价收购油辣和小米辣；云南勤劳农业开发有限公司按照成本价提供九叶青花椒苗给贫困户种植，按照每千克10元的单价收购九叶青花椒；文山烟草公司按照固定级别固定单价收购贫困户种植的烟叶；文山云玺农业开发有限公司按照每克13元的保底价收购本地高峰小黄牛，按照每吨400元的单价收购贫困户种植的青玉米及玉米秆。

（3）生产托管增收。由乡党委政府担保，文山云玺高峰黄牛养殖公司将牛犊过磅以后提供给东山乡群众饲养，公司提供保险、饲养技术和跟踪服务，饲养6~12个月后由公司按增重部分每克13元的标准给予贫困户生产托管补助；文山福达养殖有限公司以公司育苗蛋鸡饲养3个半月达到产蛋周期为标准，按照每只蛋鸡优惠50%的比例，20元的价格先行免费提供给乡内贫困户饲养，待公司以每只鸡40个鸡蛋免费回收成本之后，以每个鸡蛋0.6元的价格收购。全乡548户贫困户，除整户外出务工和兜底保障外，贫困户与新型农业经营主体联动发展的利益联结机制有486户，已实现全覆盖。

（三）强化组织引导，履行服务企农职责

在推进新型农业经营主体与贫困户联动发展的利益联结机制建立过程中，始终强化乡、

村、组三级党组织的领导，按照政府引导担保、企业订单收购、合作社牵头组织、农户参与发展种植模式，政府做好中间服务，搭好企农之间桥梁，搭建起农户对龙头企业的信任感，积极主动参与到利益联结发展中去。通过建立贫困户产业发展指导员制度，明确乡村两级包村干部为产业发展指导员，承担产业发展指导职责，入户帮助协调动员加入合作社，参与订单农业生产，帮助贫困户解决生产经营中的问题。通过努力，实现全乡在家务农建档立卡贫困户与新型经营主体利益联结全覆盖，有效确保贫困户收入持续稳定，达到“不愁吃，不愁穿”。

三、文山市东山彝族乡推进组织振兴经验和启示

在市场化充分发展的时代背景之下，在以小农经济为核心的中国农村，想要让农民真正富裕起来，仅仅依靠单一的农业种植和家庭式个体经营是非常困难的。基层党委、政府在贯彻落实中央、省、州、市相关决策部署要求时，要充分结合本地自然、经济等客观条件，推动一二三产业融合发展，发挥市场经济的作用，走出适合自己的产业兴旺之路。

（一）必须强化基层党组织的领导

长期以来，多数农户都是发展自由种植养殖模式，没有实现农产品与市场的有效对接，农产品价格波动大，容易造成丰收年收入减少的情况。同时，对于“企业+合作社+贫困户”“企业+基地+合作社+贫困户”等利益联结新理念，群众存在不信任或观望思想。这就需要充分发挥各级党组织的政治核心作用、党支部的战斗堡垒作用和党员的先锋模范作用，加强对产业发展的集中统一领导，发挥好牵头抓总、组织协调、宣传引导的作用，强力推进此项工作。

（二）必须形成政府市场农户工作合力

对于产业发展来说，仅靠市场力量自我调节，周期太长，满足不了贫困户短期内收入持续稳定的现实要求；仅靠企业自我推进，力量薄弱，不利于新型经营主体发展；仅靠行政力量强抓硬推，风险太大，违背市场经济发展规律，极易引发干群矛盾和信访问题；仅靠群众自由发展，群众难于了解市场需求及行情，存在价格不稳定的风险，而且难于形成规模。在整个产业发展过程中，要实现政府、农户与社会资源三者的良好互动，必须要将政府之手与市场之手和农户之手相结合，发挥各方优势，凝聚工作合力。

（1）发挥农民的主体地位，由政府对接组织好农业技术等专业培训，提高农户自身素质与能力。

（2）发挥社会资源的力量，政府始终坚持上心、上位、上手，帮助企业及群众解决信贷、生产、发展中的具体困难和问题。让企业、群众看到负责任、有公信力的党委和政府，在政府与企业、群众之间，进一步加深互信共信的良好政企群关系。

（资料提供：文山市东山彝族乡党委书记　杨少敏）

案例五 安宁市八街街道乡村组织振兴案例

组织振兴是乡村振兴的“第一工程”。强化组织振兴能够为乡村振兴提供助力，安宁市八街街道牢牢树立“组织兴，乡村旺”观念，积极强化基层组织领导，打造“三治融合”治理体系，夯实基层，促进集体经济组织发展，为组织振兴提供了安宁模板。

一、八街街道概况

（一）八街街道基本情况

八街地处安宁市南部，集镇距离安宁市区 37 千米，辖区面积 344.18 平方千米。全街道有耕地 45284.6 亩，林地 39 万亩、森林覆盖率 61%，是安宁市重要的水资源、生态资源、耕地资源保护区，经济社会发展主要以农业为主。八街具有悠久的历史和丰富的文化底蕴，是安宁的革命老区。八街街道下辖 21 个行政村，1 个城市社区，91 个自然村，96 个村小组。全街道户籍人口 37239，常住人口 38145，农业人口 35905；辖区居住有汉族、彝族、苗族、傈僳族、白族等 17 个民族。

近年来，八街街道党工委、办事处带领八街各族人民团结拼搏、勇于创新，在推进乡村旅游发展、实施乡村振兴战略等工作中取得了一些成绩，社会各项事业取得了长足进展，精神文明建设喜结硕果。先后获得了“全国小城镇建设示范镇”“国家生态镇”“国家卫生镇”“首批云南省生态乡镇”“云南省旅游名镇”“昆明市文化旅游十佳传奇小镇”等荣誉称号。

（二）八街街道组织基本情况

八街街道党工委所属党组织共有 144 个党组织，有 8 个村党委、14 个村（社区）党总支、2 个非公党总支，共有 130 个支部；103 个村（社区）支部，20 个“两新”党支部，7 个机关事业党支部，共有党员 2195 名。八街街道始终坚持“夯实基础强引领、培育产业促发展”的思路，聚力于抓基层打基础、抓班子带队伍，抓亮点求突破，突出党建引领、产业先行、三治融合，通过建强基层党组织，为乡村振兴提供了坚强的政治保障。

二、八街街道推行组织振兴基本做法

（一） 强化基层党组织领导作用

1. 健全以党组织为核心的组织体系

坚持“书记抓、抓书记”，把乡村振兴实绩纳入党工委书记抓基层党建述职评议考核内容，确保各级党组织书记亲自谋划、有序部署，发现解决问题，做好统筹协调。扎实开展村党组织评星定级，公开挂牌亮星，动态管理摘星，充分激发村党组织生机活力。加强党组织对各类事务的领导，把有关要求写入村规民约、农村集体经济组织等相关章程，推动村党总支书记通过法定程序实现村民委员会主任、集体经济组织主要负责人“一肩挑”。构建完善的乡村组织体系，确保各类组织在党组织领导下各司其职、各负其责，服务群众、服务发展。

2. 加强农村基层党组织带头人队伍建设

结合村（社区）“两委”换届工作，坚持把政治标准放在首位，细化负面清单内容，采取从现任支部书记中“留”，从优秀干部中“任”，从后备干部库中“挑”，从致富带头人和优秀退伍军人中“选”的方式，把学历高、年龄轻、热爱基层工作的优秀人员选进村党组织书记队伍，实现党组织书记年龄、学历“一降一升”。着力培育发展“领头雁”，制定新任村（社区）干部轮训方案，采取专家授课专题讲、实地观摩学先进、座谈交流促提升等方式，对街道300余名村干部进行全覆盖培训，进一步提高村干部政治素质和业务能力，为推动农业农村发展赋能蓄力。

3. 加强农村党员队伍建设

八街街道全面推行《党员分类积分制管理考核办法》《流动党员“四行双联系”管理办法》、党建“指导员”制度等，建立科学完善的党员考核评价体系，激励广大党员积极发挥先锋模范作用，严格规范组织生活，落实“三会一课”、主题党日、谈心谈话、民主评议党员等制度。街道党工委建立“月查季考年结”制度，对各级党组织活动开展情况定期进行督查检查，进一步压实党建责任，强化监督指导，严格党的组织生活，把功夫下在日常，逐步解员干部教育管理“宽松软”的问题。同时，街道党工委坚持问题导向，从党员实际出发，依托“云岭先锋”App、微信群等，有针对性地开展流动党员教育管理，加强与流动党员的联系，提升组织生活质量，增强党员的凝聚力和战斗力。

4. 强化农村基层党组织建设责任与保障

坚持人力、物力、财力向基层倾斜，加大基层经费投入。加强政策统筹、资源统筹、力量统筹，推动部门项目、资金投入、服务供给、执法管理力量向村社一线倾斜，不断提高基层治理能力。做到村村有村委会、文化室、卫生室、便民服务中心、警务室、村民小组活动室等基层阵地及配套设施。

（二）推进“三治融合”乡村治理体系建构

1. 打破路径依赖，引导实施“三治融合”

抓法治保稳定促发展，增强乡村治理定力。牢固树立依法治理的理念，以在村内设置法治宣传栏、定期开展法治宣传教育、开展法治知识讲座等方式，提升村民法治意识和维权意识。积极推进红色网格建设试点工作，组建了一支由党员骨干、村民代表、村组干部组成的红色网格员队伍，通过宣传党的路线、方针、政策和国家法律法规，收集村民群众诉求和建议，发现上报违法违规行为，积极劝阻村民群众的不文明行为等。切实做到“人在网中走，事在网中办，小事不出组，大事不出村”，营造了良好的学法、懂法、守法的法治氛围。

2. 健全制度建设，建构三治机制保障

探索制定《乡村治理积分制管理考核办法》，以户为单位，将辖区村民参与人居环境整治、孝善敬老、邻里和睦、遵纪守法等情况进行量化评分，村民每季度凭借乡村治理积分到“正能量”超市兑换生产、生活、学习用品，激励村民崇尚文明行为。积分制的推行，让村民争相“攒分”，“积”发了内生源动力村民纷纷把村里的事当成“自家事”来办，“抢着干”的村民越来越多，“站着看”的村民越来越少，激发广大村民推动乡村发展的内生动力，呈现出了家家户户比奉献、比积分的良好氛围。

（三）夯实基层政权

1. 加强基层政权建设

以制度管权、管事、管人，提升基层党建工作规范化、科学化水平。

（1）严格管党治党责任。建立街道、村（社区）、村（居）民小组书记抓农村基层党建三张清单，即责任清单、问题清单、整改清单，层层压实固本强基的政治责任。全面推行“书记项目”，每年设置一定数量的“书记项目”，明确时间表、路线图、任务书，并将落实情况纳入党建工作述职和年度综合考核。

（2）落实组织生活制度。从严抓好“三会一课”、组织生活会、主题党日、民主评议党员等制度落实，建立健全纪实评价制度。

（3）完善民主议事决策制度。严格执行“四议两公开”等制度，积极探索务实管用的工作方法。健全离任审计、任职回避、村级权力清单等工作机制，扎紧制度笼子，防止涉黑涉恶势力侵蚀、“小官巨贪”等现象。全面实施村“两委”班子任期承诺考评制，向街道党工委和群众做出公开承诺，接受双向监督。

2. 创新基层管理体制机制

用好考核“指挥棒”，引导村干部聚焦巩固基础、推动发展、服务群众等，努力在岗位上干事创业。

（1）明确考评标准。细化基层党组织考核评价标准。

（2）改进考评方法。制订党建工作过程评价、“跟踪问效”办法，每半年至少组织一次过程监测，评定结果计入年度考评总分。引入群众满意度测评，每年至少测评一次，测评分数原则上比不低于30%，充分发挥群众监督作用，改变以往考核“唯上”倾向。

（3）科学运用评价结果。对考评“优秀”的村（社区）党组织，在经费投入、评先评优、评星定级、表彰奖励等方面给予适度倾斜；对考评“一般”“较差”的村（社区）党组织，制订整顿帮扶计划，尤其是对软弱涣散、信访矛盾多的基层党组织，分别归类建档，限期整改到位。

3. 健全农村基层服务体系

坚持将政治功能寓于服务功能之中，让广大村民有更多获得感、幸福感。

（1）为村（社区）“两委”班子撑起腰杆。严格落实村级运转各项保障经费。

（2）打造乡村经济新业态。因地制宜加快发展农村电子商务、农产品加工、积极规划发展休闲观光农业、乡村旅游业等新型产业，提升农村经济发展质态。鼓励和支持党员创办专业合作社，发展特色产业，把有能力的党员培养成致富带头人，把优秀的致富带头人培养成党员。

（3）精准帮扶经济薄弱村。根据不同地域、不同类型，构建经济薄弱村持续稳定增收机制，通过结对帮扶的部门和单位发挥自身优势，帮助经济薄弱村按照“宜农则农、宜工则工、宜游则游”的思路找准发展路子。

（四）推进农村集体经济组织改革

1. 强化农村集体资产管理

实行村（社区）集体“三资”提级监督。

（1）开展村（社区）集体“三资”典型案例警示教育学习，组织机关、村、组干部对安宁市纪委关于农村集体“三资”管理典型案例通报进行学习，规范农村基层干部权力运行，筑牢全体干部“三资”管理意识，防止农村集体资产流失。

（2）全面摸清农村集体“三资”现状，理顺村级财务关系，建立健全“三资”台账，规范管理村级财务，为进一步发展壮大村集体经济奠定坚实的基础。

（3）街道纪工委对“三资”管理不规范，制度不健全，贪污、侵占、截留挪用，非法转让，低价发包，低价租赁农村集体“三资”等损害群众利益的突出问题进行重点检查。定期不定期到村（社区）检查工作开展情况，了解清理核查工作进度和存在问题，及时开展走访调查核实，针对发现的问题限期整改，查缺补漏，推进农村党风廉政建设，促进农村经济发展和社会和谐稳定。

2. 探索农村集体经济有效实现形式

八街街道坚持自主发展与扶持发展相结合、重点发展与全面发展相结合、强化党建引领与发展集体经济相结合，因地制宜探索、循序渐进发展，促进农村集体增收，实现党的建设、经济发展、民生改善全面提升。

（1）加强组织领导。成立扶持壮大村集体经济项目领导小组，把发展壮大村集体经济纳入书记抓基层党建工作责任清单，作为年底考核评议的重要内容。

（2）摸清集体资产。以村集体产权制度改革为契机，对全街道村集体所有的林地、土地、房产等资产全面清查登记，防止发生新的不良债务，杜绝村集体资产流失。

（3）整合优势资源。通过挖掘村集体资产、资金、资源潜力，以承包、对外租赁或投资入股等形式，促进闲置资产利用。鼓励村集体盘活闲置的荒田、荒林、荒塘、荒坡等集体资产，通过依法出租、承包、股份合作等形式，实现集体存量资产增值。

（4）争取资金扶持。针对集体经济“薄弱村”，街道党工委书记带队深入调研，谋划符合村情实际的项目，积极向上争取市级财政资金支持。

（5）促进三产融合发展。以实施“乡村振兴战略”为契机，按照“一村一品”的发展思路，把产业转型升级作为提升竞争力的必由之路。加快发展现代高原特色优势农业、生态农业，做强做优第一产业、做大做精第三产业，第一、第三产业互融互促共发展。

3. 加强党对农村集体产权制度改革的领导

在农村集体产权制度改革中，始终坚持农村基层党组织的领导核心地位，成立以党工委书记为组长，街道办事处主任为常务副组长，其他班子领导为副组长，各中心站、所负责人及各村委会主要领导为成员的八街街道农村集体产权制度改革工作小组。制定了《关于印发〈关于成立八街街道农村集体产权制度改革工作领导小组〉的通知》《关于印发〈八街街道农村集体产权制度改革实施方案〉的通知》《关于印发〈关于组成八街街道农村集体产权制度改革工作指导组〉的通知》《八街街道办事处关于农村集体资产清产核资工作实施方案》等，细化责任单位和责任人，确定工作目标，明确工作时限，强化工作措施，确保了各项工作有序开展。同时，指导各村结合实际制定了村集体资产清理核实工作实施方案，层层细化责任，分片包干，分村负责，全面抓好清产核资工作。过程中，充分吸纳村民代表参加资产评估和重估，多方听取群众意见，体现了阳光操作，杜绝了闭门造车现象。资产核实结束后，严格按照清产核资工作要求将清理情况等逐项逐笔在村务公开栏进行公示，自觉接受群众监督。

三、八街街道推进乡村组织振兴经验和启示

（一）全面强化党组织建设

1. 发挥基层党支部引领示范作用

坚持把阵地建设作为增强基层组织向心力、战斗力、凝聚力的一件实事来抓，对老旧破损、配套设施简陋的活动场所进行升级改造，逐村对功能布局、牌匾悬挂、上墙内容、资料表册和管理使用等内容进行规范清理。同时，依托云南省党建信息化平台，聚焦落实“三会一课”、主题党日、组织生活会等几个关键环节，把规定动作抓实、抓细、抓严，严格执行党的组织生活制度，推动示范党支部巩固提升、软弱涣散党支部转化升级。充分发挥村务监督委员会职能，规范提升村级重大决策、财务管理、三资管理等11个方面17项权利决策事项，加大对党务、村务公开力度，拓宽群众民主参与、民主监督的渠道，以倒逼机制督促村级事务“阳光化”“透明化”，加强基层党组织公信力，切实将村级党组织打造成服务人民群众、带领群众增收致富的坚强战斗堡垒。

2. 突出基层党支部的“桥梁”作用

调整优化基层党组织设置模式，做到既“有形覆盖”又“有效覆盖”。一是优化设置区域型党组织。综合考虑机关、企业、社区与农村基层组织地域相邻、优势互补、资源共享和职能带动等因素，推行“村村联建”“村社联建”“村校联建”等党组织帮带模式。推行大村带小村、强村助弱村、富村帮穷村的跨村合建党组织模式。二是大力发展产业型党组织。

推广“党建＋合作社（协会）”“党建＋产业”“党建＋旅游”等模式，实现农村党组织向以产业支部为代表的功能性、多样性、专业性设置模式拓展。拓展“产业型”党组织发展绿色通道，在项目申报、土地流转、用工协调、技术培训和市场营销等方面给予支持帮助，把党员聚在产业链上，让农民富在产业链上。三是拓展建立流动党组织。对外出务工党员建立流动党支部。对务工经商地点不固定、个体较为分散、组织关系仍在流出地党组织的外出流动党员，指定村“两委”成员或素质较高、责任心较强的普通党员与其建立以“帮助查访联系、帮助理顺关系、帮助沟通教育、帮助通报反馈、帮助督促履责”为主要内容的“帮扶制”。利用微信、QQ、“学习强国”App等信息化载体，探索建立网上流动党支部。

3. 增加基层党支部服务协调作用

建立党建联盟，通过把党支部建在产业链上，在“企业＋党支部＋基地＋农户”的发展模式下，在花果行业龙头企业、生产公司、合作社、协会中成立党组织进一步巩固了党在行业中的组织覆盖和工作覆盖，在党组织引领下，不断促进行业发展壮大和农民增收致富。联盟从党建、技术、资金、政策等方面，指导扶持行业创新发展。通过建立和完善党建指导员督导机制、共驻共建机制、多元共享机制、议事协调机制、“双向”清单服务机制等，建立健全行业党建联盟运行机制，促进行业党建联盟运行规范化、制度化、精准化。

（二）强化“三治融合”发展理念

1. 加强融合理念教育引导

大力推广村民议事会、道德评议团、志愿者服务等自治方式，让村民参与村级事务，增强村民参与自治的能动性，激发群众“主人翁”意识，广泛吸收人民群众的意见建议，凸显村民主体地位。严格落实“四议两公开”，重大事项即时公开制度，将村规民约、村务、低保户评议等内容“晒出来”，畅通群众监督渠道，保证乡村治理的规范化和透明度，有效提升村民的知晓率、参与率、满意率。

2. 完善普法宣传教育

牢固树立依法治理的理念，全面落实“一村一法律顾问”工作。在100%实现“村村有法律顾问，人人享受法律服务”的基础上，进一步推进法官进村（居）委会活动的开展，为各村（社区）提供法律咨询和援助。

（1）把握形势、提高认识，明确法治宣传教育工作导向，坚持法治教育与法治实践、依法治理和道德教育相结合。

（2）明确任务、突出重点，着力提升法治宣传教育工作实效，把习近平总书记关于全面依法治国的重要论述和《中华人民共和国宪法》等法律法规作为普法的重点内容，把中心工作和改革发展热点问题作为普法的重点领域。

（3）加强领导、狠抓落实，不断完善法治宣传教育机制，树立“谁执法谁普法”主体意识，强化督查检查，增强法治宣传实效。

3. 科学制定德治规范

将社会主义核心价值观融入村规民约中，全面推行移风易俗，大力整治聚众赌博、婚丧大操大办、铺张浪费等不良习俗。依托“善行义举榜”评选活动，挖掘和宣传身边的道德模范、好人好事，加强思想道德建设，倡导文明新风。积极引导群众移风易俗，弘扬新时代文明新风。大力开展“五星文明户”“道德模范”“文明家庭”评选活动，以道德讲堂、新时代文明实践站（所）为阵地，定期开展先进典型、模范标兵事迹讲座，深入宣传道德模范、身边好人等典型事迹，营造群众“弘扬最美、追求最美、争当最美”的浓厚氛围，形成“家庭和睦、邻里团结、敬老爱幼”的社会主义新风尚。

（三）多举措强化经济组织发展

1. 加大组织人才队伍培训

注重将农村青年能人、致富能手、退伍军人、返乡创业大学生等优秀群体吸收进入人才队伍，为人才队伍注入了“活水源头”。采取村党组织推荐、党员群众推荐、个人自荐、村“两委”讨论审核、街道党工委考察审定“三荐两审”的方式储备，并按照“一人一档、一村一册”，建立统一的人才干部库，切实为推动乡村振兴储足“后备军”力量。

2. 拓宽经济发展实现途径

从实际出发，按照“因地制宜、因村施策”的工作原则，鼓励各村走差异化经营道路，积极发展现代农业、休闲农业、乡村旅游、物业租赁等项目。在继续加大政府和社会力量扶持力度的基础上，着重在村集体发展用地支持政策以及现有资源开发上强化创新，努力营造好外部发展环境，增强内部发展活力，为集体经济的发展蓄力助航。

3. 规范化运营经济组织

强化村党组织领导地位，加强对本村集体经济组织的领导。规范化推行村党组织书记、班子成员依照法定程序兼任集体经济组织理事长，村党组织提名推荐集体经济组织管理层负责人和经营管理人员。建立健全农村集体经济组织，依法确立其特殊法人地位，健全集体经济组织运营运行和收益分配机制，充分发挥其在管理集体资产、开发集体资源、发展集体经济、服务集体成员等方面的功能作用。

（四）完善组织机制制度建设

1. 完善集体经济组织相关制度建设

建立健全集体经济组织成员大会、成员代表大会、理事会会议等议事决策制度，建立重大事项公示制度，在重大投资、股权合作、收益分配等方面实行民主决策、民主管理。完善风险防范制度，规范农村集体经济组织投资经营发展行为，逐步探索完善风险防范机制。加强债务监管，开展风险评估和经营指导。着力构建以农村土地流转风险防范制度、农村社会信用评价制度等为重要内容的风险防范体系，确保工作推进中不新增不良贷款、不出现重大风险。

2. 提升组织协同治理机制建设

通过党建引领，着力推进多功能平台聚合统一，理顺基层社会治理体制和运行机制。实现社情民意在“网格”中掌握、便民服务在“网格”中开展、社会治理在“网格”中加强、矛盾纠纷在“网格”中化解，切实为街道社会治理提质增效，不断增强人民群众的幸福感、安全感。

3. 完善组织人才发展制度建设

（1）推动乡村人才组织振兴。坚持党管人才原则，切实尊重知识、尊重人才，加强农村专业人才队伍建设，发挥科技人才支撑作用，创新乡村人才培养引进使用机制，汇聚全社会力量投身乡村振兴，破解乡村振兴组织人才瓶颈制约，强化乡村振兴人才支撑作用。

（2）培育新型职业农民队伍。围绕发展现代农业和农村第一、第二、第三产业融合发展，畅通智力、技术、管理下乡通道，盘活开发农村人才资源，大力培育新型职业农民，打造一支有文化、懂技术、会经营的新型职业农民队伍。让新型职业农民成为乡村振兴的主力军，以振兴乡村产业，促进农村人口劳动力转移就业，促进农民持续增收，促进农民共同富裕。

（资料提供：安宁市八街街道党工委）

致 谢

本书在撰写的过程中，得到了云南省社科联相关领导、同志的大力支持，在此表示衷心的感谢！

本书在撰写相关案例的过程中，也得到了昭阳区凤凰街道党工委、昭阳区旧圃镇党委、蒙自市雨过铺街道党工委、文山市东山彝族乡党委、安宁市八街街道党工委等单位领导和同志们给予的特别帮助，在此表示衷心的感谢！

此外，西南林业大学经济管理学院的硕士研究生黄丽、赵丽等投入了大量时间进行研究、调查、参与编写，对他们的辛勤付出表示特别感谢！

由于时间仓促，加之编者水平有限，书中还有不足之处，恳请各位读者给予指正和谅解！

谭鑫